KB251966

마가복음

황원찬 지음

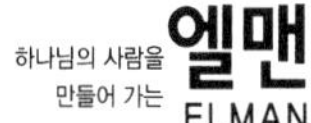

마가복음

1쇄	2025년 10월 15일
2쇄	2025년 10월 15일
지은이	황원찬
펴낸이	이규종
펴낸곳	엘맨출판사
등록번호	제13-1562호(1985.10.29.)
등록된곳	서울시 마포구 토정로 222
	한국출판콘텐츠센터 422-3
전화	(02) 323-4060, 6401-7004
팩스	(02) 323-6416
이메일	elman1985@hanmail.net
	www.elman.kr

ISBN   978-89-5515-816-8 03230

값 12,000 원

마가복음

황원찬 지음

머리말

마가복음 저자는 요한 마가입니다.

마가는 생전에 주님을 직접 만나뵙지는 못했습니다.

그러나, 마가는 베드로를 통하여 주님의 행하신 일을 들었고 베드로의 강력한 권위를 배경으로 마가복음서가 정경에 포함되었던 것입니다. 요한 마가는 예루살렘에서 상당한 부를 가진 마리아의 아들이며(행 12:12) 바나바의 조카였습니다(골 4:10).

마가는 바울의 1차 전도여행에서 바나바와 함께 동행했으나 끝까지 전도여행에 함께 하지 못하고 이탈한 적이 있었으며 후에 2차 전도 여행전에 바울은 마가를 데려갈 수 없다고 하여 바나바와 크게 다투고 헤어지게 되었으며 바나바는 마가를 데리고 구브로성으로 가게된 것입니다.(행 15:38-40). 그러나, 그후 12년후에 마가는 바울 전도여행 사역에 다시 합류하게 되었고 바울이 처형당하기까지 함께 하게 된 것입니다. 본서의 저자 마가는 베드로의 절대 영향을 받아 마가복음서를 기록하게 되었습니다.

본 요약 강해서는 저자가 섬기는 화양동교회 새벽기도회 강단을 통하여 설교한 말씀으로 집필하게 되었습니다.

늘 비가 오나 눈이 오나 새벽을 일깨워 영적 파수꾼이 되어주신 성도님들께 감사를 전합니다.

화양동 서재에서

황원찬

차례

복음의 시작

막 1:1-8

마가는 선언적으로 신앙고백을 합니다(1절).

곧, 예수 그리스도는 "하나님의 아들"이라는 기독론을 가장 근본적 요소로 선언하고 있는 점입니다.

이 말은 성부 하나님께서 성자 예수의 삶과 죽음 및 부활을 통해 모든 사람에게 구원을 베풀어 주시는 복음인 것입니다.

"복음의 시작"이라는 것은(1절 하) 복음으로 말미암은 특별한 의미의 역사가 새로운 시작입니다. 이는 영적 차원에서 인간을 구원하시는 하나님의 신시대가 시작되었음을 입증해 주고 있는 것입니다.

1. 이 복음은 이사야의 글에서 이미 예언되었습니다.

3절 "외치는 자의 소리여 이르되 너희는 광야에서 여호와의 길을 예비하라"

이사야는 성육신하신 하나님, 곧 예수님의 오심을 700년전에 전파합니다.

구약의 복음 사도라 불리우는 이사야 선지자 예언은 복음서에서 제일 많이 인용한 것입니다.

예언의 내용은 하나님의 백성과 메시야에 대하여서와 이를 위해 하나님의 아들의 성육신(4:2, 42:1, 50:4) 메시야의 수치와 모욕(8:14, 49:4, 53:3), 메시야의 영광(58-66장)을 언급해 줍니다.

2. 신약의 엘리야는 세례요한입니다.

4절 "세례 요한이 광야에 이르러 죄 사함을 받게 하는 회개의 세례를 전파하니"

주님은 마 17:12에서 엘리야가 이미 왔으나 사람들은 알지도 않고 고난을 받게 했다고 제자들에게 말해주었습니다. 제자들은 주님이 말씀하신 엘리야가 세례요한인 것을 알았던 것입니다(마 17:13).

그렇습니다. 세례요한은 신약에 엘리야입니다. 구약의 엘리야와 같이 광야에 외치는 자였고 그는 낙타 털옷을 입고 메뚜기와 석청을 먹었습니다. 세례요한의 의식주 생활은 단순, 소박, 청빈한 것입니다. 당시 약대털옷은 볼품없는 옷으로 가난한 계층의 사람들이 주로 입는 종류의 것이며, 메뚜기 역시 주로 가난한 사람들이 먹는 식품이고 석청은 야생벌에서 얻은 벌꿀입니다. 이는 자기 절제와 육적인 욕망을 자제하는 생활양식인 것입니다.

3. 세례요한은 예수님을 증거합니다.

7절 "…나보다 능력 많으신 이가 내 뒤에 오시나니…" 즉, 주님은 전지전능하신 분이시며 자신은 주님의 종의 종 되기에도 부족한 존재라는 것을 밝히고 있습니다.

왜냐하면, 혹 요한이 그리스도가 아닌가 하는 의구심이 널리 퍼져있었기 때문입니다. 그러기에 세례요한은 이러한 오해를 불식시키는 것입니다. 세례요한은 주님은 영원전부터 살아계신 하나님의 아들이시며 역사속에 오셔서 구속사역을 이루시고 영원히 찬송받으실 구세주가 되심을 증거합니다. 그리스도께서는 세례요한과 사이에 무한과 유한, 영원과 순간, 태양의 원빛과 달의 반사광이라는 본질적 차이가 있는 것임을 보여주고 있는 것입니다. 오늘날, 이단 교주, 적그리스도, 거짓 선지자들은 자신을 우상화시켜 수많은 사람들을 미혹케 합니다. 그러나 세례요한은 자신은 그리스도가 아니라고 합니다.

우리도 마찬가지여야 합니다. 자신에게 큰 은사와 능력이 있다 할지라도 능력의 원천은 오직 주님 뿐이시라는 겸손한 태도를 지켜야 합니다.

또한, 목회사역이 늘 광야 목회와 같다 할찌라도 낙심치 말고 변치 않는 믿음으로 시대적 사명을 세례요한 같이 수행해야만 합니다.

가버나움에서

막 1:21-28

가버나움은 신약 4복음서 모두에 나오는 마을입니다. 이곳은 나사렛에서 50km정도로 떨어진 곳이며 주님은 공생애를 가버나움과 나사렛에서 시작했습니다. 나사렛은 주님이 청년시절까지 자라신 곳이며 이곳에서 나사렛선언을 가르치셨습니다(눅 4:16-18, 사 61:1).

본문에서도

가르치심이 권세가 있습니다.

22절 "뭇 사람이 그의 교훈에 놀라니 이는 그가 가르치시는 것이 권위 있는 자와 같고…"

회당(Synogogue)은 회중이 모이는 건물을 가리키는 곳으로 바벨론 포로생활을 하면서 성전대신 함께 모여

기도하며 율법을 연구했습니다. 복음도 이 회당을 근거지로 하여 전파되어 나갔습니다. 한편, 회당에서 이루어지던 의식은 오늘날 예배의식의 형태로 기도, 찬양, 성경봉독, 설교를 랍비의 자격을 갖춘 사람에 의해 순서는 진행되었던 것입니다. 그런데, 놀랍게도 목수 출신이었던 주님이 어떻게 회당에서 가르칠 수 있었는지 의문점은 있었으나 주님이 가르치심은 사람들이 놀랬던 것입니다.

서기관(랍비)들은 그들의 스승의 유전에서 온 것으로 고작 스승들의 교훈을 인용하는 강론이었으나 주님은 하늘 아버지의 계시이며 하나님의 생각과 마음으로부터 온 것입니다. 영원에 관한 문제를 전하신 것입니다. 즉, 랍비들은 깨어진 물통에서 물을 퍼내려는 헛된 가르침과 노력이 있었으나 주님은 친히 생수의 근원이 되시어 물을 공급하셨던 것입니다.

오늘날도 설교의 바른 형태는 계시된 성경을 통하여 구속사적 주님을 증거해야만 합니다.

2. 귀신이 주님을 알아 봅니다.

24절 "…나사렛 예수여… 나는 당신이 누구인 줄 아노니 하나님의 거룩한 자니이다"

마가는 귀신이라는 존재를 더러운 영이라 함은 이는 사람의 선한 의지와 도덕성을 완전히 상실한 상태를 만들어 지배하기 때문입니다.

귀신은 사로잡는 자의 상태와 입술을 사용하여 "나사렛예수여… 나는 당신이 누구인지 아노니"

귀신은 이미 인류 구주이신 주님 앞에서 공포와 경악 휩싸이고 있습니다. 즉, 예수님의 신성과 메시야이심을 인정하고 굴복하고 있는 모습입니다. 이땅에 주님은 인류 대속사의 사역을 위해 오셨고 그로 인하여 마귀의 권세를 박멸하신 것입니다.

이러한 사실을 귀신은 너무나 잘 알고 있습니다. 그러므로, 주님의 이름으로 마귀를 좇아낼 수 있습니다(막 16:17).

3. 귀신을 내쫓습니다.

25절 "예수께서 꾸짖어 이르시되 잠잠하고 그 사람에

게서 나오라 하시니”

귀신은 사람에게 질병을 가져다주고 상하게 하고 경련을 일으키나 천지만물을 창조하시고 지배하시는 하나님의 거룩한 아들의 명령앞에서는 거역할 수 없었던 것입니다.

“큰 소리”를 지르고 나오게 됩니다(26절).

크나큰 비명을 가리킵니다. 그 사람에게서 떠나야 하는 귀신의 최후의 일성으로 보아야 합니다. 이로써 귀신은 그 사람의 인격과 영원히 결별된 것이며 마가복음서의 첫 번째 귀신 축출이 기록된 것입니다.

또한, 귀신의 왕국을 멸절하는 복음의 능력과 치유가 주님의 권능에 의한 인류 구속사적 사역인 것이라 할 수 있습니다.

중풍병자

막 2:1-12

주님의 1차 갈릴리 사역은(1:14-3:19) 짧은 기간입니다.

이 기간에 많은 환자들을 고치시고 귀신을 좇아 내시므로 주님은 인류의 구주이시며 신적 기원과 능력을 가지심을 나타내어 줍니다. 가버나움 회당에서 치유의 사건 이후에 갈릴리 여러 지방을 두루 다니시다가 다시 가버나움에 돌아오신 것입니다. 그리고, "집"은 시몬과 안드레 집이라 볼 수 있습니다(막 1:29).

주님의 소문이 인근 각처에 퍼졌고 많은 사람이 집앞에 인산인해를 이룬 것입니다. 이곳에서 중풍병자를 고치셨습니다. 치유의 사건은

1. 네 사람의 중보적 헌신으로 된 것입니다.

3절 "…네 사람에게 메워 가지고 예수께로 올새"

중풍병자 치유는 네 사람의 헌신으로 되었습니다.

중풍병은 뇌출혈 등으로 신체의 일부, 혹은 전신이 마비가 되어 몸을 사용할 수 없는 병입니다.

그로 인하여 네 사람은 환자를 메고 예수님께 데리고 나오게 되었습니다.

이는 형제에 대한 사랑입니다. 어려운 처지에 있는 동료, 환자를 방관하거나 묵과할 수 없었던 것입니다.

이 네 사람은 예수님에 대한 믿음이 있었습니다.

반드시, 주님은 불치의 병이라도 낫게 해주실 것이라는 것입니다.

예수님께 나아가면 모든 죄사함 얻고 소경이 눈을 뜨고 앉은뱅이가 일어나고 귀신이 떠난다는 소문에 위로와 힘을 얻고 나온 것입니다. 오늘날도 우리는 먼저 어려운 형제를 향한 연민의 마음을 품고 짐을 나누고자 하는 마음을 가져야 함입니다.

중보적 사랑입니다.

주님도 땅에서 두 세 사람이 주님의 이름으로 합심하여 기도하면 하늘에 계신 아버지께서 이루어 주시라고 하셨습니다(마 18:19).

우리들도 협력하면 기도의 응답도, 기적도, 치유도 주님은 나타내 주십니다.

협력하면 선을 이루게 됩니다(롬 8:28).

2. 난관을 극복했습니다.

4절 "…지붕을 뜯어 구멍을 내고…"

네 사람이 중풍병자를 데리고 왔을 때 그곳에는 많은 군중이 입추 여지없이 모여 있었습니다. 이때에 친구들은 포기하지 않고 그 집에 지붕위를 뚫고 환자를 누인 상을 달아내리게 된 것입니다.

곧, 이 친구들은 난관앞에 포기하지 않고 최선의 헌신을 한 것입니다.

이는 오늘날도 우리의 신앙도 좌절하거나 체념치 말아야 함을 교훈합니다. 너무 소극적인 태도와 미온적인 처신은 기적을 가져올 수 없습니다. 우리의 최선에 애씀을 보시고 주님은 그 나머지 부족을 채우시는 것입니다.

네 사람은 정문으로는 사람이 많아 들어갈 수 없었다 할찌라도 우회하여 지붕을 뜯어내고 환자를 실은 상을 내려놓은 것입니다.

곧, 적극적 행동을 취한 것입니다.

기독 성도의 신앙은 행할 때 기적과 응답이 나타납니다. 약 2:22 "…믿음이 그의 행함과 함께 일하고 행함으로 믿음이 온전하게 되었느니라"고 합니다.

3. 주님의 칭찬이 있습니다.

5절 "…그들의 믿음을 보시고…"

주님은 네 사람, 곧, 환자의 동료들을 칭찬합니다. 그들은 귀한 믿음인 것입니다. 주님이 보실 때 애타게 환자를 주님께 데리고 나오는 것을 보시고 그들에게 감동받으시는 것입니다.

이 믿음의 행동은 중요한 환자를 위한 "헌신"입니다.

그들은 진정 형제를 사랑하는 자들이었습니다.

마치 환자의 불치병에 대한 나의 문제, 내 혈육의 문제로 동일하게 보는 것입니다.

오늘날 우리의 믿음은 어떠한지 돌아보아야 합니다. 신앙생활에 있어 내가 힘들며 모든 것에 대한 무관심과 무정합니다.

사실 그렇다고 누가 나에게 비난할 수도 없습니다.

그러나, 주님을 "네 이웃을 네 자신 같이 사랑하라"고 합니다(마 22:39).

또한, 요일 3:16에서 "…우리도 형제들을 위하여 목숨을 버리는 것이 마땅하니라"고 합니다.

그러면, 주님이 칭찬하십니다.

안식일 주인

막 2:23-28

안식일 논쟁이 있게 됩니다. 주님의 제자들이 안식일에 밀밭 사이를 지나다가 밀이삭을 짤라먹는 것을 바리새인들이 보고 주님께 이의를 제기하는 것입니다. 18절 "어찌하여 당신의 제자들은 금식하지 아니하나이까"

구약의 율법성으로 제자들의 행동에 반박하는 것입니다.

사실, 구약 안식일 조항 "미쉬나"에 보면 안식일 금지 조항이 39개 항목입니다.

그 항목중 세 번째 금하고 있는 것이 곡식의 수확 행위입니다.

첫째, 이삭을 잘랐으니 안식일에 추수할 결과이고

둘째, 자른 이삭을 손으로 비볐으니 안식일에 타작한 결과이므로 죄악이라는 것입니다.

이때 주님은

1. 안식일에 바른 정신을 설명합니다.

25절 "다윗이… 시장할 때에 한 일을 읽지 못하였느냐"

주님은 사무엘상 21:1-6 말씀을 인용합니다. 즉, 다윗이 사울로 인해 피난길을 걷는 중에 놉지방에 있는 제사장 아히멜렉을 찾아갑니다.

그리고, 제사장에게 먹을 떡을 요청하였을 때 아히멜렉 제사장은 제단에 진설한 진설병 12개 떡을 주게 됩니다.

즉, 주님이 강조하는 바는 인간의 핍절과 배고픔은 종교의 외식주의보다 우선적 해결한 문제라는 것입니다. 사람의 생명과 직결된 원초적 필요가 단순한 종교의식의 규범보다 우선적인 것임을 선언하는 것입니다.

한가지 더 부언할 것은 마가는 26절에서 아히멜렉을

기록한 것이 아니라 그 아들 아비아달 제사장을 기록한 것은 아히멜렉이 다윗에게 진설병을 준 것을 사울이 알고 아히멜렉을 죽였기 때문에 아들 아비가일을 대신하여 쓴 것입니다.

2. 안식일은 사람을 위하여 있음입니다.

27절 "안식일을 위하여 있는 것이 아니니"
무슨 의미가 있습니까?
이는 인간 마음껏 안식일을 남용하는 인본주의적 발상이 아닙니다.
안식일의 내면적 의미는 본연의 하나님이 안식일에 대한 목적을 주님은 설명합니다.
즉, 안식일의 목적은 사람을 가두어 두려는 올무가 아니라 사람을 평안과 쉼, 행복을 위함이라는 것입니다.
즉, 노동으로부터 쉼과 예배드릴 수 있는 기회를 제공키 위함입니다.
생명을 위하여 작은 노동규정을 위반하는 것은 결코 죄악이 될 수 없음을 설명해 줍니다.

3. 주님은 안식일에 주인입니다.

28절 "인자는 안식일에도 주인이니라"

주님은 진리에 대한 단정적이고 선언적으로 선포하심은 신적 권위를 나타내 보이심입니다. 주님은 안식일 율법적 규정을 외면하시는 것이 아니라 그 규정을 새롭고도 온전하게 설명하실 수 있는 자격과 신분을 보여주시는 것입니다.

그렇습니다. 주님은 안식일의 주인이십니다. 그러나 유대인들은 어떻게 일하지 않을것에 대한 세부 사항을 만들었습니다.

곧 "미슈나"라는 규정이며, 좀더 "미슈나"에 대한 해석과 토론을 담은 "게마라"라는 책이 합쳐져서 "탈무드"가 됐습니다. 바로 이삭을 자른것은 일종의 노동으로 제자들을 비난했지만 안식일 정신을 위배한것입니다.

손 마른 사람

막 3:1-6

회당에 들어가신 주님 이십니다.

그곳에서 손 마른 사람을 보게 됩니다.

이날 역시 안식일입니다. 주님은 회당안에 여러 사람이 주님을 주시하고 있음을 알고 있으면서 그 환자를 치유하여 건강한 손이 되도록 회복시킵니다.

주님의 치유는

환자에게 일어서 라고 합니다.

3절 "…한 가운데에 일어서라 하시고…"

주님의 이 말씀은 다분히 의도적 이십니다.

이미 안식일에 제자들이 이삭을 잘라 먹은 일로 바리새인, 서기관들은 주님을 주시하여 고발꺼리를 찾고 있기 때문입니다. 그럼에도 불구하고 주님은 환자를 긍휼히 여기시어 치유하고자 합니다.

여기서 손 마른 사람은 후천적인 것으로 어떤 질병이나 사고로 인해 근육이 마비가 되어 손을 쓸 수 없는 기능이 완전히 불구 상태입니다. 이에 대해서 누가는 이 환자의 마른 손은 오른쪽이라 하며 그 상태가 절박한 것임을 기록합니다(눅 6:6). 주님은 바로 이 날에 어그러진 불구의 몸으로 고생하는 사람에게 온전한 몸으로 회복케 하시려 적대자들 앞에서 "일어서라"고 합니다.

그래서, 주님의 초월적인 권능을 공개적으로 제시함으로 참 의사시며 오실 메시야가 되신다는 것을 친히 증거합니다.

2. 다시 안식일에 진정한 목적을 설명합니다.

4절 "안식일에… 생명을 구하는 것과 죽이는 것, 어느 것이 옳으냐…"

주님의 이 질문은 근본적으로 인간에게 무엇이 요청되는 가에 대한 필요성에 입각한 것입니다. 주님은 안식일에 선한 행위는 생명을 구하는 것과 동일하게 여기심입니다.

오히려 그러한 선한 행동을 하지 않는 것이야 말로 "악"인 것으로 간주함입니다.

이는 단순한 도덕적 선행을 넘어서 궁극적인 구원을 이루시는 신적 사랑의 행위인 것입니다. 곧, 주님은 생명을 살리는 구주이시며 이 사명을 위한 것을 암시합니다.

주님은 이를 위하여 오신 분이시며 안식일에도 사단과의 싸움은 계속되어야 함을 보여주신 것입니다.

그래서, 주님은 안식일에 한쪽 손 마른 사람을 고치려 하심이며 주님을 대적하려는 적대자들에게 진정 안식일에 정신을 되려 질문한 것입니다.

실로 안식일은 천지를 창조하신 사역을 마치시고 참 평안과 쉼을 누리게 하신 날입니다. 거룩한 구별된 날인 동시에 사랑과 축복의 날도 되어짐이 하나님 창조의 원형입니다.

주님은 적대자들에게 "어느 것이 옳으냐" 질문으로 그들이 불타오르는 적개심을 누구려지게 만듭니다.

"저희가 잠잠하거늘…" 이는 안식일에 쉼도, 평안도 사랑에 근거한 축복의 날임을 보여주신 것입니다.

3. 치유하심입니다.

5절 "…그 사람에게 이르시되 네 손을 내밀라 하시니 내밀매 그 손이 회복되었더라"

주님은 주위에 많은 분노한 대상들이 있었음에도 환자를 긍휼히 여기시고 치유해 주십니다. "네 손을 내밀라"(Stretch out you Hand) 이 환자는 이미 사고로 인해서 손이 오그라져 불구의 손이 되었습니다. 돌을 다듬는 석공으로 알려진 이 환자는 생업도 이어나갈 수 없었습니다.

어떠한 일도 할 수 없는 무료한 생활을 하고 있었던 것입니다. 그러나, 불가능을 가능케 하신 주님이 그 환자의 마비된 손이라 할지라도 "네손을 내밀라" 곧, 펴라는 것입니다. 이때 그의 손이 회복된 것입니다. 주님은 인생의 구주시요 메시야 되심을 입증한 것입니다.

씨의 비유

막 4:1-9

주님은 수많은 회중들에게 밀려 하는 수없이 배에 오르셨습니다. 즉, 주님은 바다에 떠있는 조그마한 배에 올라 거기에서 해변가에 모인 무리들을 바라보고 강론을 시작하게 됩니다.

곧, 씨의 비유입니다.

1. 길가에 뿌려진 씨입니다.

4절 "뿌릴새 더러는 길 가에 떨어지매…"

주님은 농부들이 파종장면을 연상케 합니다. 대체로 농부들은 우기가 시작되는 10월, 11월에 비가 온 뒤에 밭을 갈게 되어집니다.

그런 뒤에 나귀등에 씨를 담은 가죽 주머니에 실고 밭에 나아가 뿌리게 되는데 이때 씨가 길가에 일부 떨어집니다.

당시 주인은 오솔길을 밭과 밭 사이를 두고 개간하여야만 했습니다. 그 길로 밭을 가로질러 이동할 수 있었기 때문인데 이 비유는 길과 같은 마음을 소유한 사람이며 이러한 길가와 같은 심령 상태에서는 씨앗이 싹튀어 열매맺기에는 부적합한 것입니다.

왜냐하면 새들이 씨앗이 흙에 덮여 있지 않기에 먹잇감이 되고 만 것입니다. 마찬가지입니다. 복음은 아무에게나 무조건 뿌려지지 않습니다. 그 이유는 복음을 배척하고 믿지 않고 무관심이라면 그 심령안에 복음의 생명이 싹틀 수 없습니다. 도리어 복음 전하는 자를 박해하고 문전박대 합니다.

사단이 좋아하는 심령입니다.

2. 돌밭에 떨어진 씨입니다.

5절 "더러는 흙이 얕은 돌밭에 떨어지매…"

흙이 얇은 돌밭이란?이는 거의 돌로 이루어진 돌밭에 흙이 약간만 덮여있다는 것입니다. 이러한 밭은 수분을 쉽게 취할 수 있어 온실같은 역할을 하게 되므로 빨리 싹이 트게 됩니다.

그러나, 연한 뿌리는 더 이상 깊게 박히지 못하고 거의 지면에 노출되기에 뜨거운 태양에 견디지 못하고 말라 죽고 맙니다. 우리는 이 비유에서 바른 신앙은 잘 연단되어지므로 얻게 되어짐을 교훈합니다. 깊이 뿌리내리는 신앙은 기도와 말씀훈련이 항상 있어야 합니다.

변치않는 신앙은 금보다 더 귀한 보배입니다.

이사야 33:6 "여호와를 경외함이 네 보배니라"고 합니다.

3. 가시떨기에 떨어지는 씨입니다.

7절 "더러는 가시떨기에 떨어지매…"

가시떨기는 가시가 돋은 나무입니다. 보기에는 앙상한 가지에 가시만 있습니다. 팔레스타인 밭 주위에는 곡식 사이에 가시떨기가 함께 자라납니다.

따라서 적당한 시기에 가라지를 제거하지 않으면 주변 곡식은 더 이상 자라나지 못하는 것입니다.

사실 가시덤불이 자라는 곳은 토양 자체는 어쩌면 매우 기름진 곳이 되리라 할 수 있습니다.

그러면, 가시덤불이 기운을 막습니다.

곧, 억누르기 때문에 그 속에 뿌려진 씨앗은 공기나 햇빛을 적당히 받아들일 수 없고 잎이나 가지가 뻗어나갈 수도 없게 되었음을 뜻하고 있습니다. 그래서, 7절 下에서는 "결실치 못하였고"라 합니다.

이 구절은 마태복음과 누가복음에는 없습니다. 주님은 이 비유를 단계적으로 진행하고 있습니다. 즉, 씨앗이 밟히거나 새의 먹이가 되는 것, 또한, 싹은 피었으나 뿌리를 내리지 못하는 거나, 자라기는 했으나 열매를 맺지 못하는 것은 어쨌든 열매맺지 못하는 신앙으로 무가치한 것임은 주님을 가르쳐주고 있습니다.

4. 좋은 땅에 뿌려진 씨앗입니다.

8절 "더러는 좋은 땅에 떨어지매 자라 무성하여 결실

하였으니…"

좋은 땅은 농부가 정성껏 결실하지 못하게 하는 요인을 제거하고 잘 경작한 옥토를 가리킵니다. 이 땅은 씨앗을 무성하게 자라게 하며 결국 열매를 맺게 하는 것입니다.

이는 온갖 시련과 역경이 복음과 하나님 나라를 맞선다 할지라도 기필코 자라나서 궁극적으로 풍성한 수확을 이루게 된다는 것입니다.

한편, 여기서 30배, 60배, 100라는 숫자의 점진적 증가는 옥토를 만난 씨가 왕성한 생명력을 "회화적"으로 묘사해 주는 것입니다.

고대 팔레스타인의 농사는 상당히 미개했습니다. 그러므로 이러한 양의 결실은 매우 감격적인 것임으로 숫사적 의미는 풍성한 결실의 능동적, 상징적 표현입니다.

주님은 이 씨 뿌리는 비유를 좀더 구체적으로 설명해 주십니다.

길가에 뿌려진 씨앗은 사단이 즉시 와서 씨앗을 빼앗는 것이며(15절), 돌밭에 뿌려진 씨앗은 기쁨으로 받았으나 환난, 박해로 넘어지는 것이며(17절), 가시떨기(덤

불)에 뿌려진 씨앗은 염려, 유혹으로 결실치 못하는 것이라(19절)고 말씀 합니다.

중요한 영적 교훈입니다.

즉, 희생적인 마음에 상태에 따라 열매를 맺습니다. 그러면 30배, 60배, 100배 투자한 것에 엄청난 수익을 올릴수 있음을 약속합니다.

하남시에 하남고등학교가 있습니다. 설립자는 송정윤 선생님입니다. 미국 시민권자로써 70대초 황무지와 같은곳에 학교를 설립했지만 반세기가 지난 오늘날 하나님이 축복하셔서 30배, 60배, 100배의 축복받은 학교가 된것입니다. 한사랑의 희생이 앨매맺은 것입니다.

군대 귀신

막 5:1-15

“거라사” 지방에서 광인이 있습니다.

거라사 지역은 갈릴리 호수에서 약 30마일 동남쪽에 위치하고 있는 땅입니다. 마태는 익돗을 “가다라”라고(마 8:28) 표기합니다. 그러나, 마가는 이곳을 거라사 지방으로 못박고 있으나 마 8:28 “가다라”라는 말도 이해할 수 있음입니다. 동일 지역으로 보기 때문입니다.

이 지역은 로마인들에 의해 10개의 마을로 나누어졌기 때문에 거라사지역에 속한 소읍까지 포함하여 불려지게 된 것입니다.

이 지역 광인이 있었습니다.

1. 광인은 무덤을 거처하여 살고 있었습니다.

3절 "그 사람은 무덤 사이에 거처하는데…"

왜? 공동묘지에 살고 있습니까? 귀신들렸기 때문입니다. 보통 사람은 무덤에 있기를 꺼립니다. 그런데, 광인은 그곳에서 밤낮 머물고 있는 것입니다.

더러운 귀신이 들었기 때문입니다(8절).

여기서 귀신은 헬라어 "프뉴마티"(πνεύμαπϹ)로 부정한 영, 직역하면 '악령, 유령; 뜻입니다.

이는 선한 의지와 생각을 완전히 결여되어 버리고 자기파괴적인 정신증세를 보이고 일반적 사회생활이 불가능하고 죽음과 같이 극악한 환경에 처하여 내적, 외적 괴로움에 몸부림치는 것입니다.

일반적으로 공동묘지는 귀신들이 좋아하는 곳으로 안성맞춤이라는 평판도 있습니다. 광인은 불행한 인생, 더러운 영에 지배를 받고 얽매어 고통과 괴로움에서 벗어날 수 없던 것입니다.

2. 광인은 자기 몸을 자해합니다.

5절 "밤낮 무덤 사이에서나 산에서나 늘 소리 지르며 돌로 자기의 몸을 해치고 있었더라"

광인의 고통은 여러번 쇠사슬에 묶였고(4절), 돌로 자기 몸을 때립니다. 괴력입니다. 광인의 자기 파괴의 성향은 정신분열증 증세로 뜻없는 언어를 사용하면서 자기 몸을 부숴지게하듯 상처를 입힙니다.

곧, 광인은 비인격성, 비이성적, 비사회성을 뚜렷이 보여줍니다. 더구나 이 광인을 군대 귀신이 지배하고 있다는 사실입니다(9절). 이 광인이 힘이 세고 쇠사슬을 끊어버린 것도 공포심을 일으킨 것도 수효가 많은 집단적 귀신의 수효 때문입니다.

그래서, 힘이 강력하고 파괴적이었던 것입니다. 이처럼 실로 사단은 한 사람의 건강한 영혼을 지배하기 위하여 수많은 자기부하 귀신들을 동원하는 집념과 무자비함이 있는 것입니다.

3. 광인에게 머물던 군대 귀신이 나아갑니다.

8절 "더러운 귀신아 그 사람에게서 나오라"

15절 "귀신 들렸던 자… 옷을 입고 정신이 온전하여…"

마가는 무덤가에 광인을 한 사람을 기록하고 있지만 마태는 무덤가의 광인을 두 사람으로 기록하고 있습니다(마 8:28).

마가가 한 사람만 기록한 것은 두 사람 광인중 한 사람이 병세가 더욱 극심했기 때문입니다. 그러나, 8절에서 주님은 "더러운 귀신아 그 사람에게서 나오라" 명령하십니다. 곧, 주님께서 귀신을 축출하시는 선언입니다. 인간 해방입니다.

사실, 귀신은 지금껏 자기가 차지하고 있던 그 인간의 인간됨을 파괴하고 있던 것입니다. 그러나, 주님은 귀신을 향해서 그 사람으로부터 나오라 명령하신 것은 그 사람의 본래의 풍성, 인격으로 회복을 주시는 자비하신 은총과 절대적인 신적 권위를 보여주고 계십니다. 그리고, 귀신들을 돼지떼에게로 들어가게 하며 돼지떼는 바다로 들어가 몰사합니다(13절).

우리는 여기서 한 영혼이 돼지 2000마리보다 더 소중함을 알 수 있습니다(13절).

그 이유는 돼지는 영혼이 없기 때문입니다.

그러므로 그 어떤 피조물보다 인간의 존엄성이 더욱 강조됨은 인간의 영혼은 영원성이 있는 소중한 것이기 때문입니다.

그래서, 주님은 한 어린 소자의 영혼도 그들의 천사들이 하늘에 계신 내 아버지의 얼굴을 항상 뵈옵느니라고 하셨습니다(마 18:10).

귀신의 최후 목적은 인간과 자연파괴 질서를 무너뜨리는데 있습니다. 그러나 주님은 그 귀신의 거의 발작적이고 파괴적인 영향을 내쫓아내심으로 죽어가는 영혼을 살리시는 것입니다.

15절 "…귀신 들렸던 자 곧 군대 귀신 지폈던 자가 옷을 입고 정신이 온전하여 앉은 것을 보고 두려워하더라"

사납고 힘세고 옷을 벗고 있는 사람, 괴성을 밤낮 소리내고 공포를 조장하던 광인이 옷을 입고 정신이 온전해진 것입니다.

그의 상태가 건강한 정상인으로 되돌아온 것입니다. 주님의 사랑으로 해방되었고 구원을 베풀어주신 능력을 찬송합니다.

달리다굼

막 5:35-40

회당장 딸을 살리신 사건은 막 5:21-23에 언급되고 있습니다.

그러나, 그 과정중에서 열두해 혈루증을 앓던 여인의 사건이 있게 되어 다시 35절부터 회당장 야이로의 딸을 고치는 치유가 있게 됩니다. 회당장은

1. 딸을 위해 간구합니다.

22절 "…예수를 보고 발 아래 엎드리어"

23절 "간곡히 구하여 이르되 내 어린 딸이 죽게 되었사오니…"

당시 회당장은 제사장은 아니지만 회당 예배를 주관하고 회당을 관리하며 다스리는 사랑입니다. 야이로는 가버나움에 있는 회당의 회당장으로 명예와 존경을 받았습니다.

그러나, 그의 어린 딸이 병으로 죽게 되었던 것입니다. 어린 딸이란 조그마한 소녀로서 12살 외딸입니다(눅 8:42).

그러나, 병세가 극히 악화되었던 것이며 회당장은 다급하며 병고침받기 위해 주님을 찾아온 것입니다. 회당장은 주님 발앞에 엎드렸습니다(22절). 그리고, 간곡히 구했습니다(23절).

주님을 통한 병이 회복, 곧 건강을 간구한 것입니다.

회당장은 주님의 안수를 요청합니다.

하나님의 은혜와 축복을 바라는 확신적이고 구체적인 믿음입니다.

2. 딸이 죽게 되어집니다.

35절 "…당신의 딸이 죽었나이다"

회당장이 주님께 간구할 때 소식이 왔습니다. 당신의 딸이 죽었나이다의 충격적인 소식인 것입니다. 이 소식은 더 이상 손쓸 필요가 없는 것입니다.

야이로에게 딸의 죽음을 전하는 사람은 희망이 없는 상황을 강하게 전하며 죽음이 모든 것의 끝이라 생각했던 것입니다.

그래서, 더 이상 주님을 괴롭히지 말 것을 말합니다. 소식을 전하는 심부름꾼은 물론 주님께 전한 것은 아니나 야이로에게 전하는 말을 엿들은 것이었습니다. 그러나, 주님은 이렇게 하는 말을 아예 무시합니다. 그리고 야이로를 향해 희망을 선언하십니다.

"두려워하지 말고 믿기만 하라"(36절)

이 이중 명령은, 죽음의 소식에 마음 흔들리지 말고 주님을 향한 구원의 믿음을 계속 지니라는 말씀입니다(롬 4:20-21). 이는 주님의 신적능력과 죽음을 훨씬 뛰어넘은 주님의 초월적인 능력을 계속 바라보게 하심입니다. 주님은 지속적인 믿음이야말로 곧 구원을 이루며 생명을 얻는 유일한 열쇠인 것을 말씀하심입니다.

3. 딸이 일어납니다.

41절 "그 아이의 손을 잡고 이르시되 달리다굼 하시니… 소녀야 일어나라 하심이라" 인간의 죽음은 영원한 허무나 절망이 아니라 잠깐의 잠에 불과한 상태입니다.

그래서, 주님은 아이의 죽음을 "잔다"고 하신 것입니다.

물론, 죽음의 실재성은 명확한 사실입니다.

그것은 단지 한시적인 수면상태와 같은 것입니다(고전 15:51). 그러나, 죽음과 삶의 지배권을 가지신 주님은 우리 인생의 부활을 갖게 하시는 아름다운 소식, 복음이라 할 수 있는 것입니다(욥 19:25-27).

그래서, 주님은 소녀에게 말씀합니다. "달리다굼"(ταλίθν Κουμ)은 "달리다"는 '소녀야' 뜻이며, "굼"은 '일어나라'의 합성어입니다.

42절 "소녀가 곧 일어나서 걸으니…"

소녀는 주님의 말씀대로 일어났고 걸어다닌 사실이 있게 되었습니다. 더욱이 소녀의 나이가 12세 되었으니 동작이 가볍고 활발함이 상상을 불러 일으키게 합니다.

한편, 마태복음과 누가복음서에서 소녀가 걸었다는 기록이 없습니다. 그 이유는 소녀가 다시 살아났다는 사실에 모든 관심을 집중시켰기 때문인 것입니다.

소녀가 일어난 사실에 제일 크게 놀랐던 사람은 부모였습니다(눅 8:56).

그것은 누구보다도 딸이 죽음에 넋이 나간 상태에 있다가 살아난 기적은 부모에게 가장 큰 기쁨과 감사였기 때문입니다. 성도의 부활은 이처럼 큰 기쁨과 소망입니다.

부활의 모형입니다. 모든 그리스도인들의 소망은 부활입니다. 성도에게 죽음은 완전한 "성화"가 되어지며 부활은 신령한 몸으로 변화되어지는 "영화"입니다. 주님은 "내가 부활이요 생명이라"(요11:25) 나를 믿는자는 죽어도 살겠다 하심입니다. 성도의 산소망은 부활입니다.

세례요한의 순교

막 6:17-29

세례요한의 순교는 육신적으로는 비참한 죽음입니다. 세례요한은 주님의 길을 예비한 선지자이며 나는 그의 신들에 들기도 감당할 수 없는 자라고 했습니다. 주님은 세례요한은 여인이 낳은 자 중에서 큰 자라 했습니다 (마 11:11).

그러나, 세례요한은 순교합니다.

1. 세례요한은 의로운 선지자입니다.

18절 "…요한이 헤롯에게 말하되 동생의 아내를 취한 것이 옳지 않다 하였음이라"

당시 헤롯왕에게 직설적으로 불의를 지적하고 있습니다. 곧, 헤롯의 부도덕성에 대한 비판입니다. 이는 근친상간 금지(레 20:21)를 범한 이유 때문입니다.

레 20:21 "누구든지 그의 형제의 아내를 데리고 살면 더러운 일이라" 라고 금지합니다. 헤롯대제의 아들 가운데 하나인 아리스토불로스의 딸인 헤로디아는 원래 이복삼촌인 헤롯 빌립의 아내였으나 남편을 버리고 남편 형제인 헤롯 안티바스와 재혼한 것입니다. 따라서 세례 요한은 지도자(왕)의 범죄를 보고 단호하게 비판한 것입니다. 이 일로 인해 옥에 갇히게 된 것입니다.

2. 헤롯이 헛된 맹세를 합니다.

23절 "맹세하기를 무엇이든지 네가 내게 구하면 내 나라의 절반까지라도 주리라 하거늘" 헤롯은 딸의 충성에 대한 보장의 우매한 인생입니다. 거짓예언은 거짓 맹세입니다.

렘 5:2 "그들이 여호와께서 살아 계심을 두고 맹세할지라도 실상은 거짓 맹세니라"

헤롯이 그러한 사람입니다.

"내 나라의 절반까지라도 주리라"

엄청난 약속을 합니다. 즉, 자기가 다스리는 땅의 절반을 헤로디아 딸에게 주겠다는 것입니다. 그러나, 이러한 약속은 헤롯의 신분으로는 전혀 불가능한 것입니다. 왜냐하면 헤롯은 자기 영토를 좌지우지 할 수 있는 자주권을 지닌 통치자가 아니라 로마의 명령을 받는 하급 군주에 불과하기 때문입니다.

어쨌든 헤로디아의 딸의 춤솜씨가 매혹적이어서 허풍스럽고 과장된 허세를 표출하고 말았으나 무지하고 어리석은 인생의 모형일 것입니다.

주님은 맹세한 것을 지키라 했으며 웬만하면 맹세하지 말라고 하십니다(마 5:33-34). 맹세는 최종의 약속이기 때문입니다.

헤롯의 맹세는 시대의 의인 세례요한이 죽음을 맞이하게 되는 원인이 되었습니다.

3. 헤로디아의 요구는 무엇입니까?

24절 "…그 어머니가 이르되 3)세례 요한의 머리를 구하라 하니"

헤로디아의 음모가 드러납니다. 그녀는 딸에게 조금도 놀라는 기색도 없이 요한의 머리를 구하니 포악한 인간의 타락한 내면성의 부패를 보여줍니다. 결국 요한은 왕의 명령에 따라 요한의 목을 베어 소반에 담아준 것입니다.

선지자 세례 요한은 평생 진리와 정의를 외쳤던 광야의 소리였습니다. 세례요한의 죽음은 오직 헤롯이 헤로디아를 차지한 것이 옳지않다고 말했기 때문입니다(마 14:4).

세례요한은 회중들의 바라는 인기있는 설교자로 남는 것 보다는 시대의 불의를 들추워 지적하는 의로운 선지자였던 것입니다.

에바다

막 7:31-37

마가는 헬라어를 많이 사용했습니다.

막 3:5 "네 손을 내밀라", "큐포류"

막 5:11 "일어나라" "달리다굼"

막 7:34 "열려라" "에바다"

이러한 단어는 치유의 사역에서 사용된 것이며 병자들이 고침받고 건강케 되었습니다.

주님이 갈릴리 호수 지역에 오셨습니다.

그곳에서 사람들은 귀먹고 말 더듬는 자를 데리고 와서 주님께 안수하여 주기를 간청했습니다. 이때, 기적이 나타났습니다.

1. 예수님께 나왔기 때문입니다.

32절 "…예수께 나아와 안수하여 주시기를 간구하거늘"

사람들은 귀먹고 말 더듬는 자를 데리고 주님께 나왔습니다. "어눌림"이란,

말하기가 힘들어 곤란하다, 더듬거리다' 라는 뜻입니다. 이 불쌍한 젊은이를 사람들이 데리고 나왔습니다. 귀한 믿음입니다. 그렇습니다. 무슨 일을 만나든지 낙심하지 말고 주님을 찾아 나와야 살길이 열립니다. 그러면, 구원을 얻습니다.

사 2:3 "오라 우리가 여호와의 산에 오르며 야곱의 하나님의 전에 이르자… 이는)율법이 시온에서부터 나올 것이요 여호와의 말씀이 예루살렘에서부터 나올 것임이니라" 하였습니다.

2. 따로 세웠습니다.

33절 "예수께서 그 사람을 따로 데리고 무리를 떠나

사…”

비록 이 사람은 다른 사람들로 통하여 주님께 나왔으
나 주님은 따로 세웠습니다. 이는 주님이 바라시는 믿음
은 다른 사람들의 믿음 보다는 개개인, 곧 자신의 믿음이
“어떠한가”인가? 를 중요하게 보심입니다.

곧, 한 사람의 믿음을 천하보다 소중하며 다른 사람에
게 끌려다니는 유아적 신앙을 주님은 원치 않으셨기 때
문입니다. 오늘날도 마찬가지입니다.

주님과 우리의 개개인과의 깊은 영적 교통, 기도의 교
통이 중요합니다. 그러면 기적과 축복이 있습니다.

3. 에바다, 곧 열려라 라고 말씀 하십니다.

34절 “하늘을 우러러 탄식하시며… 에바다 하시니 이
는 열리라는 뜻이라”

주님은 이 병자를 불쌍히 여기셨습니다. 곧, 주님은 자
비요, 사랑입니다. 크고 놀라움입니다. 사실, 인생은 누
구든지 자신의 의지와 노력을 통해 구원받을 수 없습니
다. 이미, 아담 이후 타락하여 구원받을 자격도 없고 무

기력한 자들이 된 인생들입니다.

전적 부패로 구원받을 자가 될 수 없습니다. 그러나, 주님은 인생을 불쌍히 여기심은 십자가의 사랑입니다. 주님의 사랑은 변치 않습니다.

주님께 나아가면 주님은 만나 주십니다. 마음의 소원을 응답 하십니다.

내 모든 형편을 아시고 채워주십니다.

잠 8:17 "나를 사랑하는 자들이 나의 사랑을 입으며 나를 간절히 찾는 자가 나를 만날 것이니라"고 합니다.

그렇습니다. 주님의 소문을 듣고 누구든지 주님께 나아와야 합니다. 주님은 내가 곧 길이요 진리요 생명이라고 했습니다(요 14:6). 그러면, 인생이 묶여있는 쇠사슬이 풀어지고 살길이 열립니다.

"에바다" 기적을 구하는 자에게 주십니다.

구하라 주실것이요, 찾으라 얻을 것이요 문을 두드리라 열릴것이라고 주님은 말씀하셨습니다(마 7:7-9).

주님의 질문

막 8:27-34

주님은 빌립보 가이사랴 지방에서 제자들에게 질문합니다.

가이샤라 빌립보는 갈릴리 바다에서 북방 40km 지점에 떨어진 조용한 마을입니다. 이 도시는 "가이사랴"는 아닙니다. 이곳 빌립보 가이샤라 주민은 대부분 이방인들로 우상숭배자들입니다. 헬라계 사람들로 산림, 야수의 신을 숭배를 했습니다.

이러한 우상의 땅에서 주님은 제자들에게 바른 신앙을 확립하고자 인자를 누구라 하느냐? 질문을 한 것입니다. 주님의 질문에 대하여

1. 제자들은 사람들이 주님을 선지자 라고 답변했습니다.

28절 "…더러는 엘리야, 더러는 선지자 중의 하나라 하나이다"

주님은 공생애를 마감하면서 주님은 단순한 선지자이거나 선생으로만 사람들이 알고 있기를 원치 않습니다. 주님은 사람들이 주님을 메시야로 또한 하나님의 아들로 알기를 바라십니다. 일찍이 세례요한은 주님을 그리스도이심을 증거했습니다.

요 1:20 "나는 그리스도가 아니라" 했으며 요 1:29 "보라 세상 죄를 지고 가는 하나님의 어린 양이로다"

곧, 주님을 증거했던 것입니다.

당시에 사람들은 주님을 옛선지자로만 생각함은 주님이 현재와 미래와 영원성을 결정짓는 분이심을 모르는 것이며 단순한 선구자로만 알고 있는 것이었습니다.

2. 베드로는 주님을 그리스도시라고 답변했습니다.

29절 "베드로가 대답하여 이르되 주는 그리스도시니이다" 바른 신앙관입니다.

베드로의 이 답변은 자신의 지혜, 신분, 학문으로 인해서가 아닙니다. 온전히 하나님의 은혜에 의해서였기 때문입니다. 주님은 바로 이러한 사실은 깨닫게 된 것에 대하여 "복", 하나님의 복이 그에게(베드로) 있다고 한 것입니다. 믿음은 인간의 혈육으로 얻거나 소유할 수 없습니다. 타락한 이성, 거듭나지 못한 분별력으로는 복음을 받아들일 수 없고 고백할 수도 없는 것입니다. 곧 믿음은 성부하나님께서 제공하시는 은혜의 선물입니다. 불타는 구덩이로 각 인생을 구원하여 주시는 주님을 나의 구주로 믿는 것이 복입니다. 주님은 베드로의 답변에 대해서 "바요나 시몬아 네가 복이 있도다"(마 16:17) 라고 말씀하십니다.

3. 주님은 제자들에게 자기 십자가를 지라고 합니다.

34절 "…자기 십자가를 지고 나를 따를 것이니라"
주님이 이 땅에 오시어 공생애중에 메시야직 사역은

고난받으신 십자가에 못박히심입니다. 곧, 인류대속을 위하여 친히 인생의 죄와 허물을 짊어지시고 십자가 위에서 죽으신 사건이었습니다. 이를 예고하실 때, 제자들은 주님의 수난을 알지 못하였고 제자중 베드로는 그런 일이 있을 수 없다고 한 것입니다. 주님은 33절 "…사탄아 내 뒤로 물러가라…"

이러한 주님의 단호한 말씀은 주님이 잔인한 고난을 우려하는 일에 있어 수정할 수 없음을 천명하심입니다.

즉, 베드로가 사단이 아니라 배후에 구속사역을 반대하는 어두운 세력을 (사단)두고 하시는 말씀이십니다. 사단은 구체적으로 사람의 안일과 나태한 생각을 도구화시켜 반대함입니다. 주님은 오히려 제자들도 자기 십자가가 있다고 하며 그 십자가를 지고 나아가라고 하심입니다.

찬송가 339장에 1절 "내주님 지신 십자가 우리는 안질까 뉘게나 있는 십자가 내게도 있도다"

2절 "내몫에 태인 십자가 늘 지고 가리다 그 면류관을 쓰려고 저 천국 가겠네" 찬송합니다.

변화산상

막 9:1-8

주님은 베드로, 요한 야고보와 함께 높은 산을 올라가셨습니다. 이 높은 산은 일반적으로 "헬몬산"으로 불리웁니다. 이 산은 해발 2850km로 산봉우리는 항상 눈으로 덮여 있어 "설산"이라 합니다.

이곳에서 신비로운 체험을 제자들은 합니다.

이 체험은 자신들이 탁월한 은사와 능력이 있음이 아니라 근본적으로 주님의 선택적 은총에 따른 은총입니다.

더욱이 주님께서 증인으로 세 사람을 세우심은 그들도 십자가의 고난과 부활, 영광을 위해 교회를 이끌어갈 사역자로서 책임을 지게 하려는데 있습니다. 이들이 체험한 것은?

1. 주님의 신비로운 변화입니다.

2절 "…그들 앞에서 변형되사"

3절 "그 옷이 광채가 나며 세상에서 빨래하는 자가 그렇게 희게 할 수 없을 만큼 매우 희어졌더라"

"변형"이란 헬라어"메데모르포데"의 단어로 본질적, 내면적으로부터 변화라는 뜻입니다. 곧, 신성의 모습, 죄 없으신 분으로 성육신 하기 전 모습입니다.'

즉, 주님의 영원성, 창조성, 불변성이라는 것임을 계시적으로 보이신 것입니다. 바울은 빌 2:8에서 "사람의 모양으로 나타나사"라 함은 주님의 신성과 인성의 영화로움을 고백합니다. 변화산성의 사건은 비록 주님은 인성을 지니고 계시니 죄는 전혀 없으시다는 것을 확증적으로 보여준 것입니다.

히 4:15 "…모든 일에 우리와 똑같이 시험을 받으신 이로되 죄는 없으시니라"

이 변화산상의 사건은 이후에 장차 성도들도 거룩한

모습으로 변화될 점진적 성화의 삶을 일시적으로 비춰어 주었다고 할 수 있습니다.

결국, 성도는 천성에 이르러 거룩한 생활의 신령한 사람으로 변화될 것을 암시합니다.

2. 주님이 엘리야와 모세와의 대화입니다.

4절 "이에 엘리야가 모세와 함께 그들에게 나타나 예수와 더불어 말하거늘"

모세와 엘리야는 각각 구약의 율법과 선지자를 대표하는 바와 예수그리스도를 예표합니다.

또한, 이들은 종말론적 선지자들로서 모세는 시내산(출 3:5)에서 엘리야는 호렙산에서(왕상 19:8)에서 신령한 체험을 했습니다.

이에 시간과 공간을 초월한 연장선에서 변화산상의 체험은 동일한 사건입니다.

비록, 모세는 죽었다 하나 그의 시체가 어디서 묻혔는지 반면에 엘리야는 죽음을 당하지 않고 승천하였다 합니다. 좀더 언급하여 모세는 나이 120세에 죽었으나 오늘날까지 그의 묻힌 곳을 아는 자가 없다는 사실입니다.

신 34:6 "벳브올 맞은편 모압 땅에 있는 골짜기에 장사되었고 오늘까지 그의 묻힌 곳을 아는 자가 없느니라" 또한 엘리야는 요단 건너길을 행할시 회오리바람으로 하늘로 올라갔습니다(왕하 2:11). 이는 종말론적 사건의 신령한 체험입니다. 곧, 주님도 죽으셨으나 빈무덤이며 부활후 4일동안 계시며 마지막 500성도를 감람산에서 구름타고 승천하심으로 오늘날 모든 성도들에게도 죽음과 부활, 재림과 휴거를 예시함을 보여줍니다.

3. 베드로는 변화산상에서 초막을 세우기를 요청합니다.

5절 "베드로가 예수께 고하되 랍비여 우리가 여기 있는 것이 좋사오니 우리가 초막 셋을 짓되…"

항상 베드로는 즉흥적입니다. 아직 육신의 생각이 먼저 앞섭니다. 물론 베드로의 요청은 알지만 지금은 종말론적인 나라를 위해 일해야 하고 나중에 그 나라에 많은 택한 자들을 구원하여 인도해야 합니다.

그래서, 주님은 제자들에게 변화산상 사건을 9절 "아무에게도 이르지 말라" 라고 하십니다. 곧, 함구령입니다.

주님의 함구령은 내용에 따라 각각 틀리지만 목적은 주님이 이 땅에 오신 사역이 수행하시는데 방해받지 않도록 하심입니다.

무엇보다도 고난 당하기 전에 여러 신비, 기적, 표적에 대하여 들뜨게 하거나 잘못된 기대를 할 수 있기 때문입니다. 그래서, 그런 기대를 부활 후로 연기한 것입니다. 오늘이나 내일이나 주님 오시기 전까지 성도는 그리스도의 고난에 참여하는 성화적 생활을 하는 것이 종말론적 신앙 체험입니다.

고난이 없는 기독교신앙은 미신입니다. 현대판 기복 종교심은 변절된 샤머니즘의 기독교 형태입니다.

치유의 원리

막 9:17-29

한 아버지의 아들이 간질병으로 거꾸러지기도 하고 거품을 흘리며 이를 갈고 몸은 쇠약해 가고 있는 것입니다. 뿐만 아니라, 경련을 일으켜서 불과 물에 빠지기도 한 것입니다. 이러한 질병은 귀신이 하는 것이라 아들의 아버지는 말하고 있습니다(17-18, 22절). 또한 제자들에게 고쳐달라고 데리고 왔었으나 고치지 못하였고도 말한 것입니다. 이에 주님은 탄식하십니다(19절). 그리고, 그 아이를 주님께 데려오라고 하십니다.

치유의 원리는

1. 주님을 믿음으로 치유 됩니다.

23절 "할 수 있거든이 무슨 말이냐 믿는 자에게는 능히 하지 못할 일이 없느니라"

주님은 어떠한 분이십니까? 주님은 만물보다 먼저 계시고 만물이 그에게서 창조되고 만물위에 계신 분입니다(빌 1:22, 골 1:16).

그러므로, 인생을 포함하여 만물은 다 피조세계에 속한 피조물입니다. 주님의 지배를 받으며 주님을 통하여 불가능도 가능케 되어지는 치유가 있게 되는 것입니다. 주님의 권능 크십니다. 이를 믿을 때에 치유와 회복을 얻게 됩니다.

주님은 한 인간의 고통을 불쌍히 여깁니다.

깊은 동정심과 마치 자신의 아픔처럼 보시는 것입니다. 이 아이는 도가 지나칠 정도로 경련과 고통, 괴성과 거품이 어우러져 진행되어 차마 눈뜨고 볼 수 없는 고통의 현장이었던 것입니다.

그러나, 이러한 고통은 인간의 모든 고통을 친히 담당하시는 주님으로부터 불쌍히 여김을 받게 되었으니 궁극적으로 희망적인 것이 된 것입니다.

누구든지 주님을 믿고 주앞에 나오면 주의 능력과 권세로 인간의 고질적인 질병도 못고칠 병이 없음을 믿게 됩니다.

2. 기도로 치유 됩니다.

29절 "…기도 외에 다른 것으로는 이런 종류가 나갈 수 없느니라"

제자들의 질문입니다.

우리 어찌하여 능히 귀신을 좇아내지 못하였나이까?

물론, 제자들도 귀신을 좇아내는 권세를 가지고 있었습니다.

그러나, 이번 일에 있어서는 아이를 고치지 못하였고 주님께 질문한 것입니다.

그러나, 주님은 기도를 계속 해야 하는 기도의 필요성을 언급해 주십니다. 단순한 지난날 경험으로서만은 영적 시급한 문제를 헤쳐나아갈 수 없는 것입니다. 기도의 능력은 죽어가는 고통에서 시달리는 영혼과 생명을 살리는 원리가 됩니다.

주님의 대답은 단호 합니다. 즉, 늘 기도함으로만 가능하다는 것입니다. 그래서, 사무엘 선지는 "기도하는 죄를 범치 않겠다"고 했습니다(삼상 12:23). 여기에서 오해치 말 것은 기도란 어떤 초능력적 힘을 나타내는 수단으로 조건을 두는 것으로 보면 안됨을 기도는 믿음의 행위인 것이며 결코 마술, 미신적 능력을 과시하는 것이 아닌 것입니다.

즉, 기도는 하나님에 대한 겸손과 순종의 신앙으로 바른 관계를 회복하는 영적인 성숙과 성화를 이루는 것입니다.

이혼에 대하여

막 10:1-13

바리새인들이 주님께 질문합니다.

그 질문은 이혼에 대한 것이었습니다.

2절 "사람이 아내를 버리는 것이 옳으니이까"

바리새인들은 일부 다처제를 묵인하고 이혼과 재혼을 쉽게 받아들였던 것입니다.

그래서, 바리새인들이 제기한 질문은 이혼 문제에 대한 것인데 마가가 그들이 시험하여 물었다는 것으로 묘사하고 있는 점을 보아 주님을 함정에 빠뜨릴 의도로 질문하는 것임이 분명합니다.

이혼에 대하여

1. 이혼증서를 써 버리라한 것은 무자비한 악용됨입니다.

4절 "모세는 이혼 증서를 써주어 버리기를 허락하였나이다"

바리새인들의 질문하는 근거는 신 24:1-4 때문입니다. "사람이 아내를 맞이하여 데려온 후에… 그를 기뻐하지 아니하면 이혼 증서를 써서 그의 손에 주고…" 이는 모세가 말한 것이라 하여 무조건 그 말에 복종하듯 하는 가시돋은 질문입니다. 그러나, 주님은 이혼의 불가능성을 말씀하십니다.

"하나님이 짝지어주신 것을 사람이 나누지 못할지라" 무엇보다 더 주님은 모세보다 큰 자 이신 메시야입니다. 그림자에 불과한 모세의 시대는 지나갔고 빛의 실체이신 메시야의 시대가 도래한 것입니다. 율법의 정신은 "사랑"입니다. 그러나, 모세의 율법을 인용하는 유대인들은 아내가 남편을 기쁘게 하지 못하는 모든 이유를 확대 해석하고 남편이 아내에게 이혼증서로 써주어 이혼을 요구하고 있는 것입니다.

물론, 유부녀의 간음사유는 이혼사유가 아니라 곧바로 사형에 처해지는 일입니다. 그러면 유대인들이 아내를 기뻐하지 않고 버리는 이혼 사유는 무엇입니까?그것은 아내의 생활의 부족함과 병이 들고 사고로 신체가 다쳤을 때에 버리라는 것입니다. 이는 율법의 정신인 또한, 음식을 태워도 이혼 사유입니다.

"사랑"에 배치되는 무자비함입니다. 율법을 악용하는 완악함입니다.

2. 결혼의 원리는 일부일처 주의입니다.

8절 "그 둘이 한 몸이 될지니라…"

사람이 성인이 되어 결혼을 통해 두 사람이 연합하여 인생을 서로 공유하고 평등하며 존중하는 결코 뗄 수 없는 관계라는 것입니다.

이는 단순 육체인 한 몸이 아니라 또한 내 소유의 한 부분이 아니라 정신적 평등, 인격적 존중, 더욱이 영적인 하나 됨을 뜻합니다. 단순히 육체적 쾌락의 도구에 불과한 것이 아니라 하나님의 법과 생명의 지배를 받는 한 공동운명체를 뜻합니다.

3. 결혼은 사람이 나누지 못합니다.

9절 "그러므로 하나님이 짝지어 주신 것을 사람이 나누지 못할지니라…"

주님은 결혼을 통해 남녀가 한몸을 이룬 것은 하나님이 짝지어 주신 것이라고 못박는데 이 말은 이혼이 하나님의 창조질서를 파괴하는 것임을 뜻합니다. 따라서 하나님이 짝지어 주신 남녀는 인생의 협력하는 동반자이면서 같은 운명자라는 사실이기도 합니다. 이는 결혼은 불가분리성, 곧, 이혼의 절대 불가능함이라는 개념과 배후에 하나님의 초월적인 권위가 자리잡고 있는 것입니다.

이혼은 하나님의 권위에 대한 반역이며 이혼금지는 하나님의 선언입니다.

부자청년

막 10:17-27

한 청년이 예수님께 나옵니다. 이와 같은 사건의 평행 본문인 마 19:16, 눅 18:18에서는 마가와 같은 입체묘사가 없이 평면적인 묘사를 하고 있습니다. 누가는 눅 18:23에서 이 사람은 큰 부자라는 것을 밝힙니다. 그러므로, 이 사람은 당시 물질적으로만 아니라 사회적으로 상당한 직위와 권력을 행사할 수 있는 인물임이 분명합니다. 그럼에도 이 사람의 번뇌와 고민은 아마도 영생에 대한 문제였던 것입니다.

1. 그래서 청년은 주님에게 질문합니다.

17절 "…선한 선생님이여 내가 무엇을 하여야 영생을 얻으리이까"

물론, 이 사람은 영생을 보장받을 수 있는 행위법에 대하여 확신하는 일면은 있었고 그것을 확인하려는 간절함이 엿보입니다. 그래서, 그는 어려서부터 계명을 지키었다고 주님께 대답합니다(19-20절).

그러나, 그는 영생이 인간의 노력과는 상관없이 오직 하나님의 선물이라는 사실이며 즉, 인생이 하나님 앞에서 어떤 존재(being)가 되느냐 즉, 행함으로써가 아닌 중생의 씻음과 성령의 새롭게 하심으로써 얻게 된다(딛 3:5)는 사실입니다.

곧, 율법의 행위법이 아니라 전적 하나님의 주권적 은총론인 것입니다.

2. 주님은 영생을 얻기 위해서는 있는 것을 다 팔 것을 말씀합니다.

21절 "…네게 있는 것을 다 팔아… 그리고 와서 나를 따르라 하시니"

주님의 이 말씀은 땅에 있는 소유권에 집착하고 얽매어 있는 "탐심"을 버리라는 것입니다.

이 사람은 영생에 대함이 지대한 관심사였지만 실제는 청년사업가로 재물을 의지한 사람이었던 것입니다. 그래서 주님은 그 재물 팔고 나를 따르라 합니다. 그러면, 하늘에서 보화가 네게 있으리라고 하십니다.

여기에서 "하늘에서의 보화"는 그 부자 청년이 소망하는 영생을 의미합니다.

따라서 한 가지 간과할 수 없는 사실은 영생은 하나님의 선물이며 인간의 노력의 대가가 아니라는 점입니다.

부자청년이 재물을 팔고 주님을 따르는 것도 하나님의 은총을 받는 것입니다. 그러나, 결코 재물을 팔고 가난한 자들에게 나누워 준다고 해서 그 행위로 구원을 얻는 것은 아님을 보여줍니다.

3. 구원(영생)은 하나님의 은혜입니다.

25절 "낙타가 바늘귀로 나가는 것이 부자가 하나님의 나라에 들어가는 것보다 쉬우니라"

부자청년은 돌아갑니다. 처음 희망적인 대화와는 달리 주님의 답변에 크게 실망하고 근심하는 모습으로 돌아가는 장면인 것입니다.

자기 소유에 대한 포기 요구가 최대의 걸림돌이 된 것입니다.

주님의 제안을 전면 거부한 것입니다.

이는 부자라고 하나님의 나라에 못들어간다는 것은 아닙니다. 주님이 부자가 하나님 나라에 들어가는 것이 어렵다는 것을 "낙타가 바늘 귀로 나아가는 것이 쉬우니라"의 직언구를 사용함은 시각적으로 강조하는 것입니다. 즉, "바늘귀"는 예루살렘 성곽에 만들어진 야간 출입시 통행하는 질문으로 약대는 도무지 그 문을 통과하여 성안으로 들어갈 수 없음을 묘사함입니다. 이는 영생의 길 앞에서 재물을 우선으로 하는 욕심을 갖고 있는 한은 큰 장애물이 된다는 것이며 하나님나라에 들어가는 자들은 이미 재물에 대한 소유욕을 포기한 것임을 선언하심입니다.

바디메오(맹인)

막 10:46-52

주님은 예루살렘으로 올라가심입니다.

이미 십자가의 죽음과 부활을 세 번씩 예고 하셨습니다. 주님은 예루살렘으로 올라가심은 대제사장들과 관원들에게 붙잡혀지실 것임과 죽음과 삼일만에 살아나심을 말씀하셨던 것입니다.

소경 바디메오는 여리고 지역에서 구걸하던 맹인입니다. 그가 눈을 뜨고 치유함을 얻는 사건은 공관복음, 마 20:29-34, 눅 18:35-43에 나와 있습니다. 동일한 사건입니다. 단, 차이점은 마태와 누가는 그곳에 맹인인 두 사람이었다는 것과 마가는 바디메오 한 사람만 기록하였다는 것입니다. 마가는 이 사건에서 가장 요점이 될만

한 인물인 바디메오 한 사람만 언급하여 사건을 진행시키고 있는 것은 당시 사회적 배경 때문이었던 것입니다. 맹인은 비정상적인 사람이며 부정한 사람으로 취급 받아 배척을 당하면서 살아온 사람들이었기 때문입니다.

바디메오는?

1. 주님께 눈뜨기를 구하였습니다.

47절 "…다윗의 자손 예수여 나를 불쌍히 여기소서 하거늘"

바디메오는 주님을 구세주로 고백합니다. 단순히 도움을 청하는 것을 떠나 주님을 창조주이시며 영적 지배권을 갖고 "구주"로(Savior) 믿었다는 것입니다.

주님의 가르치시는 권위와 인생을 구원하시는 왕으로서 메시야의 통치왕권을 믿은 것입니다.

주님도 예루살렘 입성을 앞두고 그 소경의 눈을 뜨게 하셨다는 것이 그의 고백적 믿음을 통해서 이루어졌다는 점입니다.

당시 종교지도자, 정치적 지도자들은 예수님을 나사렛 이단으로 혹평을 하며 비난, 박해를 하였으며 하나님의 아들, 인생의 구주로 믿지 않았습니다.

그러나, 소경을 고쳐주심으로 주님은 죄 범한 인생을 구원하시고 버림받은 인생을 하나님과 사람 앞에 정상적인 회복을 주십니다.

2. 장애물을 이기고 있습니다.

48절 "많은 사람이 꾸짖어 잠잠하라 하되 그가 더욱 크게 소리 질러…"

무리들은 매정하게 질타합니다.

소경은 거지로서 사람 대접 받지 못하고 사람들과 어울릴 수 없는 존재입니다.

즉, 보호받아야 할 사람을 보호해 주기는커녕 도리어 귀찮아 하고 멸시합니다.

그러나, 바디메오는 더욱 힘을 내어 소리 냅니다. 이는 자신의 여러 가지 악조건에도 불구하고 방해의 위협 앞에서도 포기하지 않는 신앙고백이라고 할 수 있습니다.

3. 믿음으로 구원을 얻습니다.

52절 "가라 네 믿음이 너를 구원하였느니라 하시니 그가 곧 보게 되어…"

메시야의 권위적 권위에 입각한 선언입니다. 곧, 소경은 눈을 뜨게 되었고 육체적 치유를 받게 됩니다.

바디메오는 주님이 나를 따르라 하지 아니하였음에도 그 자리에서 주님을 따라 나섰다고 마가는 소개합니다.

그는 구원받은 감격과 은혜를 못내 잊지 못하여 주님을 좇아가며 영광의 찬송을 불러 내었던 것입니다.

이것이 구원받은 자의 아름다운 심정이며 하나님께서 인간을 구원하신 목적이라 할 수 있습니다.

우리도 주님의 구속의 은총받은 자로서 이러한 은총의 생애가 되어야 합니다.

사도바울은 갈 2:20 "…이제 내가 육체 가운데 사는 것은 나를 사랑하사 나를 위하여 자기 자신을 버리신 하나님의 아들을 믿는 믿음 안에서 사는 것이라"고 하였습니다.

성전정화(2차)

막 11:15-18

주님의 초기 사역중에 발생했던 제 1차 성전 정화운동은 요 2:13-22에 잘 나타납니다.

당시 주님은 성전안에서 매매하는 자들을 향해서 "내 아버지의 집으로 장사하는 집"으로 만들지 말라고(요 2:16) 하셨던 것입니다. 주님의 초기 예루살렘 입성과 후기 입성에서 차이점은 더욱 성전의 현상이 타락되었던 것입니다.

곧, "너희는 강도의 소굴"로 만들었다고 말씀하시며 장사하는 자들을 내좇으십니다. 2차 성전 정화운동을 하심입니다.

성전정화운동을 하심은?

1. 장사하는 자들을 내어 쫓습니다.

16절 "아무나 물건을 가지고 성전 안으로 지나 다님을 허락하지 아니하시고"

당시 성전 안팎으로 온갖 동물들의 냄새가 진동했습니다.

즉, 그곳에는 제사 제물에 소용되는 소와 양, 비둘기 및 향품 등을 파는 장사꾼들의 소음으로 시끄러운 시장으로 형성되었던 것입니다.

주님은 돈 바꾸는 자들의 상과 의자를 둘러 엎으십니다(15절下).

성전경내에서 짐승을 팔던 이유는 감람산에 순례자들이 짐승을 데리고 와서 제사용으로 보장받는 것도 어려운 것이었기에 대제사장이 관리하는 한 전상들이 돈을 바꾸어 제사용 동물들을 파는 것이 자연스럽게 시장이 형성된 것입니다.

이로 인해 성전에는 거룩성과 경건성이 세속의(장사) 영향으로 상실된 것입니다. 성전은 분향단, 12진설병이 언제나 자리잡고 있는 것이 될 때 하나님의 거룩한 집입니다.

2. 성전은 만민이 기도하는 집입니다.

17절 "…내 집은 만민이 기도하는 집이라 칭함을 받으리라…" 주님은 이사야 56:7을 인용하십니다.

하나님의 성전은 기도하는 집으로써 희생제사를 받으시는 거룩한 성산이라는 것입니다.

그런데, 예배하는 유일한 장소인 성전에서 시끄럽고 냄새가 나는 장터로 내버려두는 것을 더 이상 허용할 수 없었던 것이었습니다. 그래서, 주님은 17절 "…너희는 강도의 소굴을 만들었도다" 탄식하셨던 것입니다. 위 구절은 예레미야 7:11 인용의 말씀이 됩니다. 당시 시대적, 종교적 타락상에 대한 심판의 경고성입니다.

주님도 역시 일차적으로는 성전의 신성을 범한 상인들과 환전상들은 언급하셨고, 이차적으로는 성전을 매매 행위를 자신들의 물질적 이득을 위하여 허용한 정치 지도자들의 만연된 부패성에 대한 경고입니다.

기도의 원리

막 11:20-25

베다니에서 되어진 무화과나무의 사건입니다.

주님은 길 가시던중 시장하시므로 한 무화과나무의 열매를 얻고자 했으나 잎사귀만 무성할뿐인 것을 보시고 실망하여 말씀하십니다.

"네게서 열매를 따 먹지 못하리라"(막 11:14)고 했습니다.

또한, 실제로 이 무화과나무는 마른 것을 제자들이 보게 된 것입니다.

"무화과나무가 뿌리째 마른 것을 보고"(막 11:20)

이 사건을 통하여 주님은 기도의 원리를 설명해 주십니다.

1. 의심치 말아야 합니다.

23절 "…그 말하는 것이 이루어질 줄 믿고 마음에 의심하지 아니하면 그대로 되리라"

주님은 산더러 들리어 바다에 던져지라고 하신 말씀은 무슨 의미인가?를 설명합니다.

즉, "산"은 감람산을 가리키며 "바다"는 사해를 가르키는 것으로 볼 수 있습니다.

하지만, 이것은 분명 비유적인 이야기로써 역사성의 한 시점과 특정한 장소에 국한시킬 수는 없는 것입니다. 여기서 "산을 옮긴다"는 것은 심히 힘든 어려움, 또는 불가능을 가르키는 직언으로 사용된 표현입니다. 곧, 기도의 능력은 하나님이 하시는 일로써 무엇이든 반드시 응답된다는 것입니다.

2. 주님은 이를 "믿고 의심치말 것"을 설명해 주십니다(24절).

"의심"의 헬라어는 "디아크리테($\delta c\alpha\kappa\rho\iota\theta\eta$)"로써 '혼돈된 결정, 사리분별이 엇갈리는 결정'을 뜻합니다.

즉, 여러 가지 다른 가능성 때문에 마음에 결정을 짓지 못하고 혼돈, 갈등되는 것입니다.

이에 비해 "믿고"에 헬라어는 "피스듀에"(πισιενμ)로써 '일단 믿기로 한 것은 계속적으로 믿으라'임을 뜻합니다.

결국, 마음속의 의심은 하나님에 대한 신뢰와 대립되는 것입니다.

반면, "믿는 것"은 모든 것을 성취하시는 하나님의 권능에 대한 신뢰인 것입니다. 이러한 믿음으로 하나님을 신뢰하는 부동자세를 늘 가져야 합니다. 약 1:6을 써야 합니다.

3. 용서해야 합니다.

25절 "서서 기도할 때에 아무에게나 혐의가 있거든 용서하라…"

기도의 가장 중요한 덕목과 미덕은 "용서"입니다. 용서는 주님께서 강조하신 것으로 산상수훈에서의 가르침입니다.

제단에 예물을 바치기 전 먼저 형제와 화목하라고, 주님은 자신에게 죄지은 자를 먼저 용서하고 나서 하나님께 자기 죄 용서해 달라고 하셨던 것입니다(마 5:23-24, 마 6:15). 이러한 당부는 하나님과 바른 관계를 설정하고 기도하는 것으로, 먼저 아버지 하나님의 용서받는 사람은 형제를 용서해야만 하는 것입니다. 그런 점에서 하나님의 용서와 우리 상호간의 용서는 떼려야 뗄 수 없는 것이라 할 수 있는 것입니다.

기도는 분노 때문에 잘못 사용 되어지는 것이 아니며 하나님과의 관계는 언제나 인간과의 관계가 포함된다는 것입니다.

인간과의 관계가 잘못 되어진 상태에서 드려지는 기도는 아무런 효과가 없는 것임을 시사해 줍니다(마 6:12, 14).

포도원 비유

막 12:1-12

  포도원 비유는 당시 이스라엘의 농경 풍습으로 이해합니다.

  유대인들의 상당수는 외국인 소유의 농지를 차용하여 경작하고 있었으나 소작료 문제로 마찰이 빈번했었던 것입니다.

  이 비유는 유대의 종교 지도자들이 하나님아들인 주님을 죽이고자 계획한 것과 그로 인해 그들이 받게될 심판을 경고하시고 있습니다. 비유의 내용은

1. 농부가 종들을 박해합니다.

5절 "종들도… 때리고 더러는 죽인지라"

6절 "이제 한 사람이 남았으니 곧 그가 사랑하는 아들이라…"

포도원주인은 포도원을 농부들에게 세를 주고 타국에 갔습니다. 그후 포도원 소출을 받으라고 4번씩 종을 보내었으나 농부들은 종들을 박해하였던 것입니다(2,4,5절).

또한, 죽이기까지 했습니다. 이는 선지자들을 박해하고 죽인 것을 묘사합니다.

6절 "이제 한 사람이 남았으니…" 이는 하나님의 유일한 그의 사랑하는 아들 예수그리스도를 의미합니다.

주인의 아들을 보내면 아들은 공경하리라 했지만 사악한 마음을 가진 농부들은 아들까지 배척한 것입니다.

이 비유는 당시 이스라엘이 얼마나 큰 반역을 저질렀는지를 보여줍니다.

2. 주인의 아들을 죽임입니다.

7절 "그 농부들이 서로 말하되 이는 상속자니 자 죽이

자…” 8절 “이에 잡아 죽여…” 당시 유대 법률에는 경작지에 소유주가 없는 재산이라면 일정한 기간이 지나면 누구나 먼저 소유권을 주장하면 그에게 소유권이 돌아갑니다.

이 비유는 당시 패권적 교권주의자들의 교만성과 아들 되시는 주님을 배척하는 불신사회를 묘사합니다. 이는 친히 주님이 예루살렘성 밖에서 십자가에 못박혀 죽게 될 것을 예고하심입니다(히 13:12-14).

3. 건축자들이 버린 “돌” 이십니다.

10절 “…건축자들이 버린 돌이 모퉁이의 머릿돌이 되었나니…”

신약성경에서는 “산돌”의 표현은 예수그리스도가 관련됩니다(행 4:11, 엡 2:20, 벧전 2:7).

이는 본래 과거 솔로몬성전터에 부적합하다고 취급된 기초석들이 나중에 성전문에 머릿돌로 사용되었다는데서 유래된 용어입니다.

이처럼 건축자에 해당되는 유대지도자들이 예수님을

부정하고 거역하여 십자가에 못박혀 죽였지만 하나님은 죽은 자 가운데서 주님을 살리자 성전에 머릿돌이 되게 하셨다는 내용입니다.

즉, 십자가에 못박힌 주님이 죽으신지 다시 부활하심으로써 하나님은 주님을 하늘에 있는 성소의 모퉁이의 머릿돌이 되게 하신 것입니다(행 4:11).

이러한 일은 주님이 다시 재림하실 때에 구체적으로 실현됩니다.

그러므로 주님은 건축가들이 버린 집모퉁이 "산돌"이십니다. 베드로 사도는 벧전 2:4에서 "사람에게는 버린 바 되었으나 하나님께서는 택하심을 받은 보배로운 "산돌"이신 예수께... 이라고 증거합니다.

주님은 보배로운 모퉁이 돌입니다. 교회의 머리이시며 진리의 기둥과 터입니다.

사두개인들의 질문

막 12:18-27

유대의 3대 종파는 사두개파, 바리새인파, 엣세네파입니다.

그 중 사두개파는 그 기원이 다윗시대의 대제사장 사독에게까지 거슬려 올라갑니다. 대중적 인기는 없었으나 귀족계층에 속하며 정치적, 종교적으로 상당히 영향력을 미치는 집단입니다.

이들은 현세주의자들로 부활이나 영과 천사를 믿지 않고 오직 모세오경만 인정하고 신봉합니다. 사두개인들이 부활에 대하여 주님께 질문을 합니다.

1. 부활 때 누구의 아내 입니까?

"…일곱 사람이 다 그를 아내로 취하였으니 부활 때…
그 중의 누구의 아내가 되리이까"

사두개인들의 질문의 근거는 신 25:5-10을 말하는 것
으로 형이 자식이 없이 죽는 경우 동생이 형의 아내를 취
하여 자식을 낳게 해줌으로 형의 가문을 세워주는 계대
결혼법을 말합니다. 이는 과부를 제도적으로 보살펴주
며 죽은 형제의 가문과 기업을 보존하는데 의미가 있는
제도입니다.

이러한 제도를 근거로 해서 질문을 한 것입니다.

부활후 일곱 사람 중 누구 아내가 되는지입니다.

2. 부활후에는 결혼제도가 없고 천사와 동등합니다.

25절 "사람이 죽은 자 가운데서 살아날 때에는 장가
도… 서집도 아니 가고 하늘에 있는 천사들과 같으니라"

주님은 부활이 있으며 천사도 존재한다는 답변입니다.
동시에 부활후 세계는 결혼하여 아이를 낳고 또, 아이는
커서 결혼을 하는 현세의 질서와는 전혀 다른 질서의 세
계임을 말해주신 것입니다. 천사와 같아지는 것입니다.

즉, 생노병사의 한계에서 벗어난 영원불멸의 생명을 지닌 모습입니다(눅 20:36).

천사는 자라나 성장하거나 나이가 들어 쇠퇴하는 존재가 아니라 영원한 피조물로 그 상태로 존재합니다. 이에 대해 칼빈은 "천사와 같다는" 것은 이 지상에서 생명이 갖는 모든 결함에서 완전히 자유로운 상태임을 풀이합니다.

3. 하나님은 산 자의 하나님이심을 말해줍니다.

27절 "하나님은 죽은 자의 하나님이 아니요 산 자의 하나님이시라…"

이 말씀은 하나님께서 죽은 이들의 하나님이 아니라 살아있는 이들의 하나님이시라는 뜻입니다.

하나님께서는 생존하시는 자들의 하나님이시기 때문에 아브라함과 이삭과 야곱의 하나님이라 불리우는 것입니다.

이는 믿음의 족장들도 하나님과 더불어 여전히 생존하고 있다는 것이며 따라서 이것은 그들의 부활을 증거해

주는 것입니다. 진정 하나님은 영존하시는 분 이십니다
(사 40:28).

이는 기독신앙에 확실한 부활의 교리가 됩니다.

이로써 사두개인들은 부활의 증거를 통하여 놀랐고 인
정하게 된 것입니다(마 22:33, 눅 20:39).

현대 그리스도인들은 내세보다는 현세의 번영과 만사
형통을 따라 삽니다. 영적인 신령한 세계에서 주님을 가
까이 하는것보다는 세상 유행과 풍습을 따라 세속된 생
활화가 되었습니다.

주일도 성수치 않습니다. 주일은 영원한 하나님 나라
"안식"의 그림자입니다, 진정한 소망은 땅에 있지 않고
천국입니다.

최고의 계명

막 12:28-34

신명기 6:5을 인용한 말씀입니다. 이 주님의 답변은 랍비중 한 사람의 질문으로 비롯된 것입니다. 즉, 율법의 613가지 규정중 금지명령 365조항, 긍정규정 248 조항입니다.

이중 안식일 금지 조항만도 39개 항목입니다.

이 많은 율법조항 중 어느 계명이 가장 큰 것인가를 주님께 질문한 것입니다.

주님의 답변은 2가지입니다.

1. 하나님 사랑입니다.

30절 "네 마음을 다하고 목숨을 다하고 뜻을 다하고 힘을 다하여 주 너의 하나님을 사랑하라 하신 것이요"

이는 십계명의 전반부의 포함된 계명의 요약입니다.

① 마음을 다하고, 마음은 헬라어 카르디아(ΚαΧρδία) 단어로 인간의 지, 정, 의를 포함하는 인격의 중심을 뜻합니다.

② 목숨을 다하고, 목숨은 헬라어 프쉬게(ΨυΥη)은 육체의 생명, 생명력을 뜻합니다. 이는 하나님을 사랑하되 적당히 어느 한계 지점 까지만 사랑하지 말고 생명을 내어 걸기까지 전적으로 사랑할 것에 대한 강한 요구를 담고 있습니다.

③ 뜻을 다하고, 뜻은 헬라어 디아노이아(δίανυία)로서 지적능력, 생각하는 힘을 가리키는 힘을 가리키는 것으로 분명한 이해력과 통찰력으로 사랑하라는 것입니다.

④ 힘을 다하여는, 힘은 헬라어 이스퀴스(ισςυς)로 인간

이 소유한 총체적인 능력, 특히 영적, 육체적 활동력을 강조한 말입니다.

결국, 이 네 단어는 인간의 전인결과 모든 정성과 능력을 강조하는 표현이라 할 수 있습니다.

2. 이웃을 자신과 같이 사랑합니다.

31절 "둘째는 이것이니 네 이웃을 네 자신과 같이 사랑하라…"

이 말씀은 레 19:18을 두 번째 계명으로서 제시하는 바 인간관계의 율법을 요약하는 이웃 사랑입니다. 이는 대인적 계명은 대신 적 계명의 필연적 결과요 자연스러운 귀결인 것입니다.

따라서 이 두 계명은 결코 떼려야 뗄 수 없는 불가분의 관계에 놓입니다. 곧, 네 몸 같이라는 말에서 이웃 사랑의 시금석이 곧, 자신 사랑임을 볼 수 있다는 것입니다. 자신을 정당하게 사랑할 수 있는 사람만이 이웃을 진정으로 사랑할 수 있다는 것입니다(요 13:34).

3. 이 두 계명이 선지자의 율법, 강령입니다.

33절 "…하나님을 사랑하는 것과 또 이웃을 자기 자신과 같이 사랑하는 것이 전체로 드리는 모든 번제물과 기타 제물보다 나으니이다"

하나님 사랑과 이웃 사랑이 모든 번제물과 기타 제물보다 낫다는 것입니다.

당시 유대교에서 율법과 희생 제사가 사랑과 동일 선상에 놓여질 만큼의 종교주의를 자랑했던 것입니다. 그러나, 사랑이 없는 각종 제사는 죽은 종교의식에 불과할 뿐입니다. 이와 관련하여 마 22:40에서 "이 두 계명이 온 율법과 선지자의 강령이니라" 했습니다.

즉, 이 두 계명은 서로 분리되지 차별이 있는 것이 아니며 원인이 있으며 결과가 있듯이 뿌리와 열매처럼 연결되어 있는 것입니다.

모든 법은 항상 그 법을 만든 근본정신이 있고, 이 근본정신이 무시되면 법조문은 껍데기에 불과한 것입니다.

신, 구약의 계시와 역사의 목표는 하나님 나라에 있습니다.. 법은 그 나라의 성취와 형태를 결정합니다.

하나님은 그 나라를 위해서 하나님을 마음으로 사랑하는 것을 근본적으로 요구합니다(신 10:12).

하나님의 나라는 이 사랑에 의해서 세워집니다. 도한, 네 이웃을 네 몸같이 사랑하는 것입니다.

만약 사랑하지 않으면 신앙의 무용론입니다. 고전 13:2 "....산을 옮길만한 모든 믿음이 있을찌라도 사랑이 없으면 내가 아무것도 아니요"라 했습니다. 곧 사랑이 제일입니다(고전 13:13).

사랑이 없으면 큰 교회를 목회하는 것도, 전국 방방곡곡 부흥사로 영성을 떨치는 것도 아무것이 아니라 할수 있습니다.

마지막 징조

막 13:1-8

예루살렘 성전의 웅장함을 감탄하는 제자들에게 주님은 이 성전이 완전한 파괴를 예언하셨습니다. 이 주님의 예언은 AD70년 유대 독립전쟁이 일어나 티투스장군에 의해 예루살렘이 함락되었고 그대로 성취되었던 것입니다. 이때에 주님의 제자들 중 베드로, 야고보, 요한, 안드레는 마지막 징조에 대하여 질문합니다. 주님은 이에 대하여

1. 거짓 선지자들의 미혹이 있을 것을 주의하라고 합니다.

6절 "많은 사람이 내 이름으로 와서 이르되 내가 그라 하여 많은 사람을 미혹하리라"

항상 3명 제자외에 안드레까지 나와있는 복음서는 이곳이 처음입니다.

어쟀든 이 네 명의 제자들은 제일 먼저 제자로 불렀고 그런만큼 비중있는 제자들이었던 것입니다. 주님은 이 사랑하는 제자들에게 마지막 날의 징조를 말해 주십니다. 곧, 거짓선지자들의 출현입니다.

이들의 특성을 자신들이 그리스도로 꾸며 사람들을 미혹함입니다.

"미혹" 헬라어 "프라네세"($\pi\lambda\alpha\upsilon\eta\sigma\iota$) 길을 잃고 방황하는 것에 적극적으로 동조하여 진실이 아닌 사실을 믿고 따른다는 뜻입니다. 이것은 거짓선지자로 인해 올바른 신앙을 떠나는 사람들이 있음을 경고해줍니다.

거짓 선지자는 "내가 그로라" 합니다.

종말에 징조입니다. 마치 자기가 주권과 능력을 소유하고 있는 양 등장하는 거짓 그리스도 출현인 것입니다.

종말에 첫 번째 징조로 초대교회사부터 오늘날까지 번번히 나타나고 있습니다.

2. 난리와 난리가 일어납니다.

7절 "난리와 난리의 소문을 들을 때에 두려워하지 말라 이런 일이 있어야 하되 아직 끝은 아니니라"

"닌리"는 분쟁과 전쟁에 관한 것입니다(계 6:4).

"…붉은 말이 나오더라 그 탄 자가 허락을 받아 땅에서 화평을 제하여 버리며 서로 죽이게 하고 또 큰 칼을 받았더라"

혼란과 무질서를 가져오는 전쟁은 구약에서 종말의 징조로 여겨졌습니다(사 19:27, 겔 14:21). 그러나, 주님은 "두려워 말라"고 합니다.

그 이유는 전쟁이 일어나는 것은 필수적인 것이요 자명한 것임을 암시합니다. 이는 종말의 징조, 끝이 아니라 과정임을 분명히 하십니다.

3. 지진, 기근이 있습니다.

8절 "…곳곳에 지진이 있으며 기근이 있으리니 이는 재난의 시작이니라"

천체지변도 중요한 종말의 징조로 소개됩니다.

도처의 지진이 번번히 일어나며 이러한 징조는 하나님의 역사안에 개입하는 것을 보여줍니다(계 6:12).

"내가 보니 여섯째 인을 떼실 때에 큰 지진이 나며…"

기근은 전쟁의 후유증이기도 하지만 근본적으로 그것은 하나님의 진노의 표현이라 할 수 있습니다(겔 5:17). 결국, 인간의 타락에 대한 하나님의 형벌로서의 천체지변은 분명한 종말의 징후인 것입니다.

우리는 이 시대를 잘 분별하여만 합니다.

사도 바울은 롬 12:2 "너희는 이 세대를 본받지 말고 오직 마음을 새롭게 하므로 변화를 받아 하나님의 선하시고 기뻐하시고 온전한 뜻이 무엇인지 분별하라"고 합니다. 그리스도인은 깨어 근신하고 기도해야 합니다.

시대의 징조를 영적으로 분별해야만 합니다. 항상 기도와 바른 복음의 말씀을 까라 사는 것입니다.

징조를 분별해야

막 13:14-23

주님께서 이미 5절에서 "…사람의 미혹을 받지 않도록 주의하라" 하셨고, 9절 "너희는 스스로 조심하라"고 거듭 말씀하십니다.

이 말이 계속 완료시제로 되고 있다는 점을 환기시킬 필요가 있습니다.

"조심하라"는 이 말씀은 상당히 비중있는 경고입니다. 곧, 종말론적 각성뿐 아니라 종말 전에 있는 고난에 대처할 수 있도록 미리 준비시키려는데 있는 것입니다.

무엇을 분별해야 합니까?

1. 가증한 자들입니다.

14절 "멸망의 가증한 것이 서지 못할 곳에 선 것을 보거든…"

"가증한 것"은 헬라어 "보텔튀그마"(Ψδελυ Υμα)로써 혐오의 대상, 특히 손으로 만든 우상을 뜻합니다.

역사적으로 AD70년 디도가 이끄는 로마군대가 예루살렘성을 파괴하고 폐허가 된 성전터에 로마 군기를 꽂고 황제의 초상을 세워놓은 것으로 이루어졌습니다. 또한, 종교적으로는 종말과 대환난기에 일어날 일로써 적그리스도들이 하나님의 자리에 서서 자신을 숭배하도록 성도들을 유혹하는 것입니다(살후 2:1-4).

"…자기를 높이고 하나님 성전에 앉아 자기를 하나님이라고 내세우느니라"

2. 기도해야 합니다.

18절 "이 일이 겨울에 일어나지 않도록 기도하라…"
주님은 겨울을 고난의 기간으로 비유합니다.

팔레스타인 지역의 겨울은 식량 구하기도 어렵고 피난 생활 하기에 쉽지 않습니다. 겨울철은 우기 기간으로 하천이 불어나서 안전한 곳으로 피난하지 못하는 경우가 많습니다. 이는 성도에게 고난과 고통이 없을 수는 없지만 고난을 견딜 수 있도록 기도할 것을 미완료 시제로 표현해 줍니다. 성도는 계속적으로 기도에 힘쓰라는 의미로 받아들일 수가 있습니다.

3. 미혹받지 말 것입니다.

22절 "거짓 그리스도들과 거짓 선지자들이 일어나서 이적과 기사를 행하여 할 수만 있으면 택하신 자들을 미혹하려 하리라"

미혹하는 자와 미혹받는 자는 다 미혹의 영, 사단의 영에 의해서 일어납니다.

살후 2:10 "불의의 모든 속임으로 멸망하는 자들에게 있으리니 이는 그들이 진리의 사랑을 받지 아니하여 구원함을 받지 못함이라"

11절 "이러므로 하나님이 미혹의 역사를 그들에게 보

내사 거짓 것을 믿게 하심은"

12절 "진리를 믿지 않고 불의를 좋아하는 모든 자들로 하여금 심판을 받게 하려 하심이라"

이러한 구절은 바른 믿음은 미혹받을 수 없음을 분명하게 보여줍니다.

비록 거짓선지자, 거짓 그리스도가 이적과 기사를 행한다 할지라도 바른 영적 분별하여 미혹받지 말아야 합니다.

"이적"은 헬라어 '놀라운 일, 경이로움'의 뜻이며 "기사"는 헬라어 '모두 기적적 사건'의 뜻입니다.

그러나 초능력, 초자연적 현상이 나타나더라도 자신을 그리스도라 하는 자들은 적그리스도이며 천하를 미혹하는 미혹의 영임을 분별해야 합니다.

참 헌신자

막 14:1-9

주님이 베다니 나병환자 시몬의 집에서 식사하실 때입니다.

베다니는 주님께서 예루살렘에 들르실 때마다 숙소로 정하셨던 것입니다. 이날도 주님은 나병환자 시몬의 집에 머물렀는데 한 여자가 예수님께 나아와서 주님의 머리에 기름붓는 역사적인 "도유 사건이 일어난 것"입니다.

여인은 참 헌신자의 표상이 된 것입니다.

1. 값진 옥합을 깬 헌신입니다.

3절 "…한 여자가 매우 값진 향유 곧 순전한 나드 한 옥합을 가지고…"

"나드"는 향나무 뿌리에서 추출되는 향기로운 점액성의 액체를 가리킵니다.

그런데, 이 나무는 팔레스타인에서 자라지않고 히말리야 산맥이나 인도 지방에서 자라기 때문에 수입해서 구하여야 하기에 비싼 상품입니다.

"한 옥합"은 300데나리온 이상입니다.

당시 한 데나리온은 하루 노동자 품삯입니다. 더욱이 나드향도 매우 귀하기 때문 솔로몬 아가서에서도 3번이나 언급 되었습니다(아 1:12, 4:13-14).

이 여자의 이름은 공관복음서에서는 기록되지 않았으나 요한복음서에서는 "마리아"로 밝혀 있습니다(요 12:3).

"마리아는 지극히 비싼 향유 곧 순전한 나드 한 근을 가져다가 예수의 발에 붓고 자기 머리털로 그의 발을 닦으니…" 그런데, 마가는 여인이 향유를 주님의 머리에 부었다고 기록합니다.

아무튼 기록에 차이는 있으나 향유를 부은 것은 주님

의 수난, 죽음, 부활에 이르는 진정한 만왕의 왕 되심을 기념함입니다. 이는 여인이 주님께 헌신하는 소중한 의의가 됩니다.

2. 회중의 분노를 초월한 헌신입니다.

5절 "이 향유를 삼백 데나리온 이상에 팔아 가난한 자들에게 줄 수 있었겠도다 하며 그 여자를 책망하는지라"

이 분노를 표출하는데 앞장선 사람은 가룟유다입니다.

"제자 중 하나로서 예수를 잡아 줄 가룟 유다가 말하되"(요 12:4)

곧, 여인이 주님을 위해 헌신하는 행위를 아까워하는 시기, 질투하는 것이며 실제는 그 돈을 자기가 훔쳐가려는 데서 분노가 폭발한 것입니다.

그러나, 여인은 묵묵히 가장 귀한 향유를 주님께 봉헌함은 참 헌신의 표상입니다.

3. 주님의 죽음을 기념하는 헌신입니다.

8절 "그는 힘을 다하여 내 몸에 향유를 부어 내 장례를 미리 준비하였느니라"

제자들의 책망으로 곤욕을 치루고 있는 여인을 위해 변호하시게 됩니다. 그리고, 내게 좋은 일을 하였다고 책망을 중지 시킴입니다.

주님께 기름부음을 준 여인은 우연히 행한 헌신의 행동이 아니라 인류대속을 위해서 고초와 죽음을 당하실 인류대속사역을 위해 준비한 것입니다.

곧, 여인은 행위가 주님의 죽음을 준비한 것입니다. 이에 주님의 죽음과 부활을 요약하여 기념하는 것입니다.

주님은 복음이 전파되는 어느 곳에서도 여인의 행위처럼 세계에 전파되고 기념될 것이라는 것으로 기여될 것으로 말씀하십니다.

가룻유다

막 14:10-21

산헤드린의 가장 큰 문제는 회중을 자극하지 않고 주님을 체포하고자 하나 기회를 얻지 못하였습니다. 그러던중 물질에 탐욕이 가득한 가룻유다는 자기 선생을 대제사장들에게 찾아가서 기회를 포착하여 그들에게 밀고하겠다고 제의합니다.

그들은 기뻐합니다.

1. 유다는 돈에 매수당합니다.

11절 "그들이 듣고 기뻐하여 돈을 주기로 약속하니…"
마침 예수님을 잡아죽일 방책을 연구하고 있던 차에

유다의 방문은 그들이 기쁨을 감추지 못합니다.

마태복음 26:15에 의하면 유다는 자기선생을 넘겨주는 대가로 돈을 요구하였고 그들은 "은" 삼십을 주기로 하고 돈을 받습니다.

이렇게 "탐심"은 천륜도, 인륜도 저버리고 물질을 좇아 살게 됩니다.

곧, 하나님이 없는 자입니다.

골로새서 3:5 "…탐심은 우상 숭배니라"고 하였습니다. 유다는 자기 선생을 민족해방의 정치적 메시야로 생각하였는데 그의 기대와 달리 힘없이 십자가의 길을 가는 것에 실망한 나머지 배반하게 됩니다.

더 이상 자기선생을 따르기에는 실속이 없다 판단한 것입니다. 삯군의 전형적인 모형입니다.

2. 주님은 근심하게 됩니다.

18절 "…내가 진실로 너희에게 이르노니 너희 중의 한 사람 곧 나와 함께 먹는 자가 나를 팔리라"

주님은 친밀하고 가까운 사람에게 배신당할 비극을 표

현합니다. 곧, 사랑하는 제자에게 배반당하는 데서 오는 쓰라린 인간의 고통이 주님은 느끼시고 있음입니다.

이에 제자들도 근심합니다. 그리고, 한 사람씩 "나는 아니지요"(19절) 마태복음 26:22에는 "저희가 심히 근심하여"라고 하여 제자들의 심리상태가 극도로 불안한 것을 보여줍니다.

가룟유다의 한 사람의 탐욕이 주님에도, 제자들에게도 근심을 끼치게 한 것입니다.

한편, 마태복음 26:25에서는 가룟유다가 "내니이까" 질문을 합니다. 주님은 "내가 말하였도다"라는 말로 긍정함으로써 배반자가 유다라는 것이 분명해진 것입니다.

3. 주님은 차라리 나지 않았으면 좋았을뻔 하였다고 합니다.

21절 "…인자를 파는 그 사람에게는 화가 있으리로다 그 사람은 차라리 나지 아니하였더라면 자기에게 좋을뻔하였느니라 하시니라"

요한복음 13:2에 "마귀가 벌써 시몬의 아들 가룟 유다의 마음에 예수를 팔려는 생각을 넣었더라"

분명히 가룟유다는 마귀에게 마음을 지배당하였던 것입니다.

그래서, 주님은 "차라리 나지 않았으면…"라 말씀합니다. 이 표현은 아직 늦지 않았으니 회개하라는 마지막 호소였을 것입니다. 그러나, 가룟유다는 오히려 배신의 발걸음을 재촉합니다. 그는 유월절 식사장소로 박차고 밖으로 뛰어나간 것입니다(요 13;30) " 유다가 그 조각을 받고 곧 나가니 밤이러라"

겟세마네동산

마 14:32-42

겟세마네는 예루살렘 동쪽으로 1.2km지점, 기드온 시내를 건너 감람선 서쪽 기슭에 자리잡고 있는 곳입니다.

주님은 예루살렘에 계실 때에 습관적으로 감람산에 올라 기도하시던 곳입니다. 그러나, 이제 이곳에서 기도는 마지막 기도인 것입니다.

그만큼 고뇌의 흔적을 보여줍니다.

눅 22:44 "땀이 땅에 떨어지는 핏방울 같이 되더라"

이때, 주님의 간절한 기도는 천사가 하늘로부터 예수께 나타나 힘을 더하였습니다. 이곳에서 주님의 기도는?

1. 고난이 지나가기를 기도하였습니다.

36절上 "…아버지여 아버지께는 모든 것이 가능하오니 이 잔을 내게서 옮기시옵소서"

주님은 하나님을 향하여 "아바 아버지"라 부릅니다.

"아바"는 아람어로 어린아이가 자기 아버지를 친근하게 부를 때에 사용하는 칭호입니다.

그러나, 유대인들은 이 칭호를 지상의 아버지에게만 사용하고 하늘의 아버지 즉, 하나님에 대해서는 불경하다고 하여 부르지 않았습니다. 그러나, 주님의 독생하신 아들로서 하나님을 "아바" 아버지라 부르는 것은 친밀하고 자연스러운 것입니다.

"이 잔을 내게서 옮기시옵소서" 주님의 첫 번째 기도입니다.

이는 "부름", "찬양"에 이어 "간청"입니다.

"잔"은 구약에서 좋은 의미(시 16:5, 116:3)와 나쁜 의미에서(시 111:6), 하나님께 의해 전달되는 것으로 세상에 운명을 나타내는 운명입니다.

육신의 몸을 지니고 있음으로 죽음을 피하고 싶은 심

정입니다. 수난을 받아야 하는 두려움은 주님도 어려운 일이었던 것입니다.

그리하여 주님께서도 죽음의 잔을 피하고 싶은 기도였음입니다. 육신의 몸을 덧입고 있는 연약성입니다.

2. 그러나, 아버지의 뜻이 이루워지기를 원하는 기도였습니다.

36절下 "그러나 나의 원대로 마시옵고 아버지의 원대로 하옵소서 하시고"

주님은 자신이 받아야 할 잔을 앞두고 인간적 고뇌와 슬픔이 있으셨습니다. 그러나, 인간의 본능을 꺾고 아버지의 뜻에 복종하겠다고 그의 순종의 위대함을 드러냅니다.

일찍이 주님이 가르쳐 준 기도문 중에서(마 6:9-11) 하나님의 뜻이 이루어지도록 하신 가르침에 대해 먼저 주님이 본을 보이시는 것입니다.

즉, 실천적 모범을 보이신 것입니다. 그러나, 주님은 하나님에 뜻에 의하여 죽음을 맛보셨고 또한, 죽으신지

3일만에 부활하신 것이었습니다.

3. 제자들이 깨어 있기를 부탁합니다.

38절 "시험에 들지 않게 깨어 있어 기도하라…"

주님이 가신 십자가의 길을 따르는 자는 늘 깨어 기도하는 생활입니다. 주님은 기도하시다 돌아와 제자들을 볼 때 늘 고단하고 피곤하여 잠이 들어 있었던 것입니다. 마태는 마가와는 달리 주님이 3번씩 깨어있어 기도하라고 하였다 기록했습니다(마 26:40,43,45).

여하튼 여기서 "깨어있음"과 "기도함"은 밀접하게 결부되어 있고, 즉 깨어있음은 기도함의 전제이며 기도함으로 깨어있음은 양자사이에 밀접한 것으로 관련된 것입니다.

이는 성도에게도 중요합니다. 인간의 마음은 기꺼이 바른 것을 하고자 하나 인간의 육체는 심히 약하여 따라서 인간의 마음과 육체를 모두 긴장시켜 깨어 기도할때만이 더불어 다가오는 시험을 이겨낼 수 있는 것입니다.

기도함으로 육체의 욕망을 제어하고 영으로 하나님의

뜻에 순종케 됩니다.

그러한 시험을 이길 수 있는 모본을 주님이 겟세마네 동산의 기도로 본을 보이신 것입니다.

찬송가 457장 1절입니다. "겟세마네 동산의 주를 생각할때에 근심이나 걱정을 외면할 수 있을까 나를 항상 버리고 주를 따라 가리라"고 찬송하게 됩니다.

시험은 신약성경 헬라어 원어로 두가지 용어가 있습니다. "도키마조"는 신약성경에 22회 사용되었고 "분별하다." "합격하다." 뜻을 갖고 있습니다.

또 다른 용어는 "페이자로" 신약성경에 38회 기록되었는데 전자와는 달리 사람은 좌절시키고 실패하게 만들려는 의도 사용되었는데 당연히 사탄의 유혹과 관련된 단어입니다. 주님도 이 유혹을 이기시고 승리하였습니다(마 4:13, 막 1:13)

주님을 부인하다

막 14:66-72

주님은 제자들이 다 주님을 버리라 말씀하실 때입니다(27절).

그때에 베드로가 다 주님을 떠날지라도 자신을 그러지 않겠다고 대답합니다. 더 나아가 죽을지언정 주님을 부인 않겠고 거듭 다짐하였고 다른 제자들도 함께 부인치 않겠다고 이구동성으로 말한 것입니다(31절). 그러나, 베드로는 주님이 잡히시던 밤에 주님을 부인합니다.

1. 여종 앞에서 첫 번째 부인합니다.

68절 "베드로가 부인하여 이르되 나는 네가 말하는 것이 무엇인지 알지도 못하고…"

베드로는 불 쬐는 사람들 틈에 끼어있으면서 혹시나 누가 자기를 알아보는가 하여 불안한 가운데 있었던 것입니다. 그때, 보잘 것 없는 여종이 베드로를 알아보았을 때 나는 네가 말하는 것을 알지 못한다고 놀래어서 말합니다. 단호하게 부인함입니다.

자신의 안전을 도모하는 베드로의 비겁함이 서술되고 있는 것입니다. 베드로는 일찍이 주님께 충성의 맹세를 끝까지 붙잡아야 했으며 "누구든지 사람앞에서 나를 부인하면 나도 하늘에 계신 내 아버지앞에서 저를 부인하리라" 하신 말씀을 기억하였을 것이지만 인간의 나약하고 불안한 마음이 주를 부인하게 된 것입니다.

2. 두 번째 부인합니다.

69절 "여종이 그를 보고 곁에 서 있는 자들에게 다시 이르되 이 사람은 그 도당이라 하되"

베드로에게 접근한 여종에 대하여 마가는 동일인처럼 (다시 이르되) 증거하지만 마태는 다른 여종으로 증거합니다. 그런데, 마 26:71에서는 "…다른 여종이 그를 보고 거기 있는 사람들에게 말하되 이 사람은 나사렛 예수와 함께 있었도다 하매"

또한, 눅 22:58에는 "조금 후에 다른 사람이 보고 이르되 너도 그 도당이라 하거늘…" 제 3의 남자로 묘사되고 있습니다.

이는 성경의 모순점이라기 보다는 베드로에게 의혹을 품고 있고 접근하는 자들이 여럿이 있었음을 시사합니다. 곧, 나는 모르나 이미 많은 사람들에게 노출된 사실입니다. 눈 가리고 아웅 하지 말고 나는 주님과 함께 사는 자 임을 숨기지 말아야 합니다.

3. 저주하며 부인합니다.

71절 "그러나 베드로가 저주하며 맹세하되… 이 사람을 알지 못하노라 하니"

"저주"하며, 사람이 겁을 먹고 두려워하면 끝이 없이 나약하고 비굴함으로 추락합니다. 더 나아가서는 자포자기 상태에 바집니다. 베드로도 상상하지 못하는 수제자로서 주님을 모른다고 저주합니다.

곧, 살기 위하여 거짓을 말하는 베드로의 모습은 점점 걷잡을 수 없는 나락에 빠집니다. 주님을 "저주"한다는 것은 신성 모독입니다.

또한, "맹세"는 하나님을 증인으로 세우는 망령된 행실입니다.

즉, 인간은 나약합니다. 이는 십자가의 고난과 영광, 대속의 죽으심으로 인류대속사의 성취의 능력을 외면함에서 비롯된 것입니다. 이때에 닭이 두 번 웁니다. 이전 주님이 베드로에게 닭이 두 번 울기 전에 3번 주님을 부인하리라 하심이 기억되어 베드로는 통곡합니다.

베드로가 심히 통곡했다고 누가는 전해주고 있습니다.(눅 22:62). "밖에 나가서 심히 통곡하니라"

이 울음은 단순한 감정으로서의 후회가 아니라 마음을 뒤집는 참회의 눈물입니다. 곧, 자신의 회개함입니다. 교회 전설에 다르면 이날 이후부터 베드로는 닭의 울음 소리가 들려올 때마다 과거 자신의 나약함과 비열함을 회상하며 통한의 눈물을 내내 흘리게 되었다 합니다. 주님은 미물 생물을 통하여 역사 합니다. 베드로의 실패로 통하여 주님을 따르는 길은 자신의 의지와 각오만이 아니라 성령 감동과 주님의 십자가의 피 흘리신 손으로 붙잡아 주셔야만 가능합니다. 곧, 은총입니다.

주님은 저주하며 모른다고 맹세하던 베드로를 부활후 찾아가십니다. 부활후 4번째 베드로를 찾아가십니다(눅 24:34, 고전 15:5).

비록 주님을 부인하였지만 그는 그후 통곡하고 회개한 것입니다. 베드로는 성령강림이후 초대교회 성령 충만 주역이 되었고 세계 선교 전초기지를 예루살렘 모교회에서 이룬것입니다.

AD64년경 순교할때 십자가에 꺼꾸로 달려 순교했습니다. 전승에 바티칸 언덕에서 순교한 것으로 전해집니다.

유대인의 왕

막 15:1-15

주님은 제자들과 함께 유월절 만찬을 마치신 후 감람산의 겟세마네동산에서 기도하신 후 체포되었습니다.

잡혀오신 밤이 지나고 새벽이 되었고 수난주간의 마지막날인 금요일 새벽입니다. 이 새벽시간에 해뜰 무렵에 산헤드린 공회가 소집됩니다.

이는 주님을 빠른 시간대에 처형시키려는 의도에서 주님을 신성모독의 죄로 몰아간 것입니다.

결국은 빌라도 법정에 세우게 됩니다.

1. 빌라도 법정으로 결박당하여 끌려오심입니다.

1절 "…온 공회와 더불어 의논하고 예수를 결박하여 끌고 가서 빌라도에게 넘겨 주니"

안나스법정, 산헤드린공회로부터 빌라도법정으로 결박당하여 오신 주님이십니다. 두 손을 뒤로 하고 포승으로 묶여 결박되는 것은 극형을 언도받는 죄수들의 모습입니다. 이스라엘은 로마의 종속 국가였기에 사형수는 로마총독 빌라도에게 넘겨주게 되었고 사법권은 빌라도에게 있게 된 것입니다.

빌라도는 티베라우스 황제로부터 AD26년 임명되어 AD36년까지 총독으로 재위 합니다.

2. 그는 유대인의 왕이냐 질문합니다.

2절 "빌라도가 묻되 네가 유대인의 왕이냐 예수께서 대답하여 이르시되 네 말이 옳도다 하시매"

"유대인의 왕이냐" 마가는 산헤드린이 주님을 빌라도에게 고소한 내용을 자세히 전해주지 않았으나 요한은(요 18:28-31) 빌라도가 주님의 재판을 고발 내용 "유대인의 왕"으로는 접수하려고 하지 않았음을 보여줍니다.

산헤드린은 이 고소내용으로 주님을 신성모독으로 사형
에 처해달라 고소한 것입니다. 당시 로마는 식민지국가
종교에 대해서는 관대하여 자유롭게 신앙을 보장해준
것임으로 주님을 처벌할 수 없었던 것입니다. 빌라도는
주님이 유대인의 왕이라 말한 것에 대하여 민족적, 정치
선동적 아니라 종교적 의미에서 왕이라는 개념으로 이
해하고 있습니다.

3. 그러나, 십자가를 지도록 사형선고를 내립니다.

15절 "빌라도가 무리에게 만족을 주고자 하여 바라바
는 놓아 주고 예수는 채찍질하고 십자가에 못 박히게 넘
겨 주니라"

빌라도의 사형언도는 마음에 없는 정치적 판결입니다.

사실, 마태의 기록은 마 27:19에서 "총독이 재판석에
앉았을 때에 그의 아내가 사람을 보내어 이르되 저 옳은
사람에게 아무 상관도 하지 마옵소서 오늘 꿈에 내가 그
사람으로 인하여 애를 많이 태웠나이다 하더라"

또한, 빌라도는 명절에 죄수를 사면하는 것을 통해서

유대인의 왕을 놓아줄 것으로 작정했지만 유대인들의 반대로 오히려 엉뚱한 죄수 강도 바라바를 석방하게 된 것입니다. 빌라도 역시 "어찜이냐" 유대인의 왕 무슨 악한 일을 하였느냐 반문했으나 민란이 내려는 보고 주님을 십자가에 못박히게 사형선고를 한 것입니다.

찬송가 144장 2절에 "십자가를 지심은 무슨 죄가 있나 저 무지한 사람들 메시야 죽였네 예수님 예수님 나의 죄 위하여 보배 피를 흘리니 죄인 받으소서" 찬송하게 됩니다.

그로 인하여 군인들이 주님을 끌고 가며 채찍질 합니다. 로마인들의 채찍질 방법은 죄수의 옷을 벗기고 무자비한 채찍질을 가합니다.

신 25:3에서는 매질은 40대이하로 제한합니다. 그러나, 로마인들은 죄수에 대한 관용이 없고 가죽끈 끝에는 날카로운 뼈 조각과 납덩어리가 달려 있습니다.

이런 채찍으로 회수 제한없이 매질합니다. 가혹합니다. 등에 찍힌 피부에 피자국, 또한, 매로 기진하여 죽기도 합니다.

십자가에 달리심

막 15:21-32

주님은 사형선고를 받으신후 골고다 언덕, "두개골", "해골"이라는 곳으로 처형 받으시기 위해 십자가를 지고 나아갑니다.

전신이 찢겨져 유혈이 낭자하고 반죽음의 상태에 이른 주님입니다.

그리고, "자색 옷"을 입힙니다. 이는 왕이 입는 자색으로 된 옷으로 주께서 실제로 왕의 옷을 입은 것은 어려운 것입니다. 사형받을 죄수에 대하여 풍자적 조롱의 행위로 기록된 것입니다.

한편 마태는 마 27:28에서 "자색옷" 대신 홍포를 입으신 것을 기록합니다.

"그의 옷을 벗기고 홍포를 입히며"는 로마군인들이 입는 붉은 망토이지만 주님이 입으신 망토는 낡고 버려진 것을 덧입히신 것입니다.

조롱과 멸시를 당합니다. 그리고 갈대로 머리를 때립니다. 침을 뱉습니다. 무릎을 꿇게 합니다. 그리고, 십자가를 짊어지게 하고 골고다 언덕을 향해 나아가게 합니다(20절). 그러나, 주님은 쓰러지고 넘어집니다.

이때,

1. 구레네 시몬에게 십자가를 대신 지게 합니다.

21절 "마침 알렉산더와 루포의 아버지인 구레네 사람 시몬이… 그를 억지로 같이 가게 하여 예수의 십자가를 지우고"

구레네는 북아프리카의 도시로 오늘날 리비아 수도인 트리폴리이며 고원지대입니다.

이곳 출신 시몬이 건장한 젊은이가 주님이 짊어지고 가는 십자가를 대신 지게 된 것입니다. 그 이유는 주님이 밤새 매질을 당하고 온갖 모욕과 심문을 당하시어 20kg

되는 십자가를 질 수 없었던 것입니다.

억지로 시몬은 십자가를 졌으나 영광이요 면류관입니다.

오늘날, 우리 성도들도 비록 내가 원하지 않더라도 주님과 함께 내가 져야 할 십자가가 있습니다.

우리는 시몬과 같이 내게 태인 십자가를 져야 합니다. 찬송 339장 1절에 "내 주님 지신 십자가 우리는 안질까 뉘게나 있는 십자가 내게도 있도다"

2. 주님은 십자가 중앙에 매달리십니다.

27절 "강도 둘을 예수와 함께 십자가에 못 박으니 하나는 그의 우편에, 하나는 좌편에 있더라"

주님의 십자가는 중앙에 한 강도는 좌편에, 한 강도는 우편에 있습니다. 외경 도마 복음에 의하면 왼편에 달린 강도의 이름은 "게스타이" 우편에 달린 강도의 이름은 "데스마이"였다고 전합니다.

이들 강도들은 죄명은 사람을 죽이거나 도적질한 자들이 아니라 로마정권에 반란을 일으킨 폭도들에 대한 표현입니다.

여하튼, 이들은 체포되어 극형 사형을 언도 받았습니다.

이들 중 하나는 구원을 받은 자 되었고 또 하나는 끝내 주님을 부인하고 조롱까지 했습니다.

결국, 십자가는 믿는 자에게는 구원이며 믿지않는 자에게는 최후의 심판이 되어집니다.

3. 종교지도자들이 조롱합니다.

31절 "그와 같이 대제사장들도 서기관들과 함께 희롱하며…"

유월절 주님이 예루살렘 입성할 때에 많은 사람들이 소리내어 호산나 찬송하리로다 주의 이름으로 오시는 이여 가장 높은 곳에서 호산나 노래했습니다. 그러나, 주님이 빌라도 법정에 서시고 십자가에 극형에 처해졌을 때 지나가는 자들까지 주님을 희롱했습니다. 또한, 종교 지도자들인 대제사장들, 서기관들도 네가 너를 구원하여 십자가에서 내려오라고 함께 희롱했습니다.

이들은 백성을 선동하여 사형선고를 유도하는데 처음부터 주도적으로 역할하였던 것입니다. 곧, 사단의 하수인입니다. 끝까지 주님을 죽이는데 목적을 갖고 있는 것입니다.

그러나, 주님은 하나님이 정하신 구원의 계획을 성취하기 위해서는 자기생명은 살기를 포기하고 만민구원을 위해 십자가의 대속 사역을 이루시는 것입니다.

주님은 십자가에 달리기전에 안나스 법정, 가야바 법정, 빌라도 법정에서 조롱, 멸시, 천대, 주먹으로 때림, 거짓 증언들의 위증으로 숱한 고초를 당하십니다.

결국 사형선고를 받고 골고다 언덕에서 십자가에 달려 죽으신 것입니다.

이 주님의 구속의 은혜를 어찌 보답할수 있겠습니까?

아리마대 요셉

막 15:42-47

아리마대 요셉이 죽으신 주님의 시체를 빌라도에게 가서 달라고 합니다.

유대인의 율법에 의하면 사람의 시체는 죽은 그날에 장사 지내야 합니다(신 21:22-23). 왜냐하면 사람이 나무 위에 달려 죽게 되면 하나님께 저주를 받아 당을 더럽히게 되므로 그날에 장사해야만 합니다.

이러한 풍습에 따라서 아리매대 요셉은 빌라도를 찾아가 요청합니다. 아리마대 요셉은?

1. 용기있는 사람입니다.

43절上 "…예수의 시체를 달라 하니"

아리마대는 지역의 명칭입니다. 곧, 예루살렘 북쪽 30km 지점에 위치한 "라마다임" 즉, 사무엘의 고향입니다.

이곳 출신 아리마대 요셉은 주님의 시체를 달라는 것은 위험한 행동입니다. 그러나, 그는 용기가 있습니다.

산헤드린 의원으로서 시체를 가져가고자 하는 것은 산헤드린 공회에 배신 행위입니다. 왜냐하면 산헤드린 공회에서 주님을 십자가에 못박히게 하는데 주도적으로 역할했기 때문입니다.

참 위험한 모험입니다. 더욱이 로마 당국에게 그가 나사렛 이단과 공범이라고 판단하게 할 수 있었던 것입니다. 이러한 위험속에 그의 담대함과 용기가 시체를 가져다가 장사지낼 수 있었던 것입니다. 이는 그의 신앙이 어떠한지 엿보게 됩니다. 곧, 죽음의 너머에 있는 주님의 영광스런 부활을 소망하고 내다 보고 있었던 것입니다.

2. 존경받는 자입니다.

43절中 "이 사람은 존경 받는 공회원이요…"

그는 산헤드린공회 의원입니다.

유대사회의 최고의 상류층에 속합니다. 그의 앞에 붙은 수식어는 "존귀한"자입니다. 사회적 지위가 높아 그 자체로 영향력이 있는 것이나 더욱 그의 신앙과 성품이 모두에게 존경받는 인물이라는 것을 알 수 있습니다.

이 사람은 선하고 의로운 자라는 것입니다. 곧, 산헤드린 공회가 주님을 처형을 결의했지만 그는 찬성하지 않았던 것은 그는 이미 주님의 제자였음을 마태는 증거합니다.

마 27:57에 의하면 "아리마대의 부자 요셉이라 하는 사람이 왔으니 그도 예수의 제자라"

누가도 아리마대 요셉은 산헤드린 공회 의결의와 행사에 찬성하지 않았다고 증거합니다.

눅 23:51 "그들의 결의와 행사에 찬성하지 아니한 자라"

곧, 그는 경건하고 의로운 자입니다. 하나님의 통치, 즉, 하나님나라를 대망이 주님을 통하여 떠오르는 것을 믿는 자입니다. 이러한 신앙이 주님게 헌신함입니다.

3. 하나님의 나라를 기다리는 자입니다.

43절下 "…하나님의 나라를 기다리는 자라"

그의 신앙이 경건하고 의로운 것은 하나님나라를 소망함에서 비롯됩니다. 그가 산헤드린 공회의원이지만 주님을 처형하는데 찬성하지 않았고 주님의 죽으심을 애통하면 시체를 가져간 것은 주님이 진정 하나님 나라의 메시야이심을 믿는 자 이기 때문입니다.

이렇듯 하나님의 궁극적 통치가 주님으로부터 이루어지므로 그 나라를 소망하는 것입니다. 이 신앙이 소중함으로 마태는 아리마대 요셉이 주님의 제자라고 증거한 것입니다. 우리도 주의 나라를 소망하여 다시 오실 주님을 사모하는 은혜가 있기를 원합니다.

부활의 증거

막 16:1-8

주님은 죽으시고 무덤에 내려갔으나 3일만에 다시 사셨습니다. 안식일이 끝나고 한 주간이 시작되는 첫날에 주님의 부활의 사건이 있게 됩니다. 인류의 구원을 완성시키시는 날입니다. 유대종교의 성스러운 안식일에는 아무런 구원의 사건을 일으키지 못하고 그 시대가 막을 내린 것입니다. 그러나, 안식일 첫날 여러 여인들이 시체에 바르기 위해 향품을 준비하고 무덤가를 새벽에 찾아 나아갑니다.

그러나, 여인들의 부활의 증거는?

1. 무덤을 보았습니다.

4절 "눈을 들어본즉 벌써 돌이 굴려져 있는데 그 돌이 심히 크더라"

여인들은 새벽에 무덤가로 나아가며 걱정을 했습니다. 그것은 무덤가앞 굳게 닫힌 "돌" 때문입니다. 그런데, 놀라운 일입니다. 돌이 굴려져 있습니다. 곧, 빈무덤입니다.

이는 주님의 부활을 시사한 것입니다. 여인들이 무덤에 당도했을때 지진이 일어나고 천사들이 내려와 무덤 문을 연 것입니다(마 28:2).

"큰 지진이 나며 주의 천사가 하늘로부터 내려와 돌을 굴려 내고…"

따라서 부활의 사건 배후에는 하나님의 적극적 개입이 있었다는 것입니다. 기독교의 진리는 단순한 철학, 사상이 아닙니다. 생명과 부활의 신앙입니다.

2. 천사들의 소식입니다.

6절 "청년이 이르되 놀라지 말라 너희가 십자가에 못박히신 나사렛 예수를 찾는구나 그가 살아나셨고 여기 계시지 아니하니라…"

“놀라지 말라”라 청년이 말한다. 그 이유는 여인들이 청년을 유령이라 착각을 했을지 모르는 바입니다. 그래서, 진정시키는 말입니다.

청년은 천사입니다.

마태는 마 28:2절에서 천사가 하늘로부터 내려왔다고 기록합니다.

3절 “그 형상이 번개 같고 그 옷은 눈 같이 희거늘”

곧, 천사는 여인들에게 그가 살아나셨다고 부활의 기쁜 소식을 전합니다.

천사는 여인들을 안심시키고 십자가 못박히신 나사렛 예수가 다시 살아나셨다고 전합니다. 즉, 예수는 살아나셨고 따라서 이 무덤에 머물러 있을 수 없다는 것입니다.

“살아나셨고…”는 헬라어 “에게르데(ήγερθη)”로써 이것은 주님이 하나님에 의해 살리심을 받은 상태로 존속하다는 뜻입니다.

하나님이 죽음에서 결정적으로 개입하시어 주님을 부활시킴으로써 단번에 사망권세를 반전시켰던 것입니다. 그런 까닭에 주님의 생애에 전체가 하나님의 구원의 계시였던 것입니다.

여인들은 주님의 시신에 향유를 바르고자 준비하여 왔지만 주님은 이미 부활하시었고 그곳에 있지 않았던 것입니다.

복음은 주님의 죽으심과 부활입니다. 십자가에서 피흘리심이 우리의 죄를 씻어 주심입니다.

속죄의 은혜입니다. 그리고, 죽으신지 3일만에 다시 살아나셨습니다. 죽음을 이기시고 승리하신 생명의 종교, 부활의 종교입니다. 막 16:5에 "복음"을 주님은 온 천하에 다니며 복음을 전파하라고 합니다. 부활의 증거자, 천사의 기쁜 부활의 소식을 전하라고 합니다.